Gudrun Theurer

Du bist nicht allein
Begleitende Texte für Kranke,
ihre Angehörigen und Hospizmitarbeiter

Gudrun Theurer

Du bist nicht allein

Begleitende Texte für Kranke,
ihre Angehörigen und Hospizmitarbeiter

SCM Hänssler

SCM

Stiftung Christliche Medien

Bestell-Nr. 394.969
ISBN 978-3-7751-4969-3

© Copyright der deutschen Ausgabe 2009 by SCM Hänssler im
SCM-Verlag GmbH & Co. KG · 71088 Holzgerlingen
Internet: www.scm-haenssler.de
E-Mail: info@scm-haenssler.de
Umschlaggestaltung: oha werbeagentur gmbh, Grabs, Schweiz;
www.oha-werbeagentur.ch
Titelbild: shutterstock.de, oha werbeagentur gmbh
Satz: typoscript GmbH, Kirchentellinsfurt
Druck und Bindung: CPI – Ebner & Spiegel, Ulm
Printed in Germany

Inhalt

WIEDERFINDEN

Wenn etwas von uns fortgenommen wird,
womit wir tief und wunderbar zusammenhängen,
so ist viel von uns selber mit fortgenommen.

Gott aber will,
dass wir uns wiederfinden,
reicher um alles Verlorene
und vermehrt um jenen unendlichen Schmerz.

RAINER MARIA RILKE

Für Heidi († 2008)

Statt eines Vorworts

Abschied leben

Von einem geliebten Menschen Abschied zu nehmen, ist unendlich schwer. Einander loslassen, einander zurücklassen und einander nicht mehr wiedersehen – das ist für die meisten Menschen der schwerste Weg ihres Lebens.

Beide gehen diesen Weg – der sterbende Mensch und diejenigen, die ihn begleiten. Aber sie gehen diesen Weg in unterschiedlicher Weise und mit unterschiedlichem Ziel.

Für den Sterbenden bedeutet es, dass er sich nun endgültig seiner eigenen Lebensgeschichte stellen und sie abschließen muss. Vielleicht sind seine letzten Monate und Tage von schwerem körperlichen und seelischen Leid geprägt, sodass es nicht leicht ist, sein Leben in Frieden zu beschließen.

Auf diesem letzten Weg geht es aber nicht nur um den sterbenden Menschen. Es geht auch um die, die ihn begleiten. Auch sie durchleben diesen Abschied. Auch sie spüren Grenzerfahrungen, die zu bewältigen sind.

Sie werden einen eigenen Weg finden müssen, sich mit dem Tod auseinanderzusetzen.

Für beide ist es wichtig, dass sie in diesem Abschiedsprozess zueinander finden, ihn miteinander gestalten und diese Zeit zu einem Stück ihrer gemeinsamen Lebensgeschichte machen. So kann der Sterbende wirklich in Frieden heimgehen, und die Hinterbliebenen können ihn in ihrer Trauer loslassen und getröstet werden.

Als eine wirkliche Hilfe haben sich die Texte der Passionsgeschichte von Jesus in dieser Situation bewährt. Sie haben eine zeitlos gültige Aktualität. Man kann sie als Kreuzweg-stationen meditieren, bei denen grundlegende seelische Prozesse zur Sprache kommen, die in der Bewältigung der letzten Lebensphase Orientierung geben. Hier findet man Deutemuster, an denen man die eigene Lebensgeschichte aufarbeiten kann.

Im Lesen der Leidensgeschichte von Jesus kann es gelingen, einen Zugang zum eigenen Leiden und Abschiednehmen zu bekommen. Hier werden Impulse gegeben, wie der Sterbende und seine Begleiter tröstlich und behutsam ihren gemeinsamen Weg gestalten können.

Der Weg aus dem Leid ist der Weg der Trauer.

In diesem Sinn sollen die vorliegenden Texte eine Hilfe sein für den Sterbenden und für die, die wieder ins Leben zurückgehen.

Sie ermutigen uns, diesen letzten gemeinsamen Weg bewusst zu gehen.

Sie bringen zur Sprache, was in unserem Inneren geschieht.

Sie lassen uns in unsere Seele horchen.

Sie öffnen uns für Gefühle.

Sie ermutigen uns, füreinander da zu sein.

Sie machen uns bereit, Leid zu tragen.

Sie zeigen uns den Weg des Glaubens.

Sie geben uns Hoffnung, dass Leben nicht vergeht.

Es ist gut, wenn man nicht alleine unterwegs ist

Das Sterben beginnt nicht erst beim unmittelbaren Eintritt der letzten Lebensstunden. Sterben beginnt, wenn ein Mensch weiß: Ich muss unwiderruflich mein Leben loslassen.

Sterben beginnt, wenn ich weiß, dass eine Heilung für mich nicht mehr infrage kommt und es nur noch um eine Lebensverlängerung geht. Sterben beginnt, wenn der Arzt sagt: Es gibt keine Hoffnung mehr!

Manche Menschen haben nun einen Weg vor sich, dessen Länge und Schwere sich nicht von vornherein abschätzen lässt. Oft sind es noch viele Monate, die bei relativ guter Lebensqualität folgen. Manchmal ist es ein schmerzhaftes kurzes Krankenlager oder ein langes Warten auf den Tod.

Immer aber ist es ein Weg, eine Strecke des eigenen Lebensweges, den es zu bewältigen gilt.

Dieser Weg ist vielfach vom Rückblick geprägt. Manch vergangene Lebensstationen leben noch einmal auf. Es ist ein Weg, der vom Abschiednehmen geprägt ist. Ein Weg der Trauer. Ein Weg der Tränen. Ein Weg der Trennung. Ein Weg mit glücklichen Momenten. Ein schwerer Weg.

Wie eine anspruchsvolle Gebirgswanderung eigentlich immer in Begleitung geschehen sollte, so gilt dies in besonderer Weise auch für die letzte Wegstrecke unseres Lebens. Es ist gut, wenn man nicht alleine gehen muss. Es ist gut, wenn Menschen da sind, die einen begleiten. Menschen, die zuhören. Menschen, die trösten. Menschen, die mitweinen und mitlachen. Wenn all das, was unserem Leben bisher Inhalt gab, langsam an Bedeutung verliert, dann zeigt sich, welch wunderbares Geschenk doch Freundschaften und gute menschliche Beziehungen sind.

»Es gibt aber kaum ein beglückenderes Gefühl, als zu spüren, dass man für andere Menschen etwas sein kann. Dabei kommt es gar nicht auf die Zahl, sondern auf die Intensität an. Schließlich sind eben die menschlichen Beziehungen doch einfach das Wichtigste im Leben; (...) Ich meine (...) hier die schlichte Tatsache, dass die Menschen uns wichtiger im Leben sind als alles andere. Das bedeutet gewiss keine Geringschätzung der Welt der Dinge und der sachlichen Leistung. Aber was ist mir das schönste Buch oder Bild oder Haus oder Gut gegenüber meiner Frau, meinen Eltern, meinem Freund?«[1]

Auf diesem Weg durchleben beide, der Sterbende und auch diejenigen, die ihn begleiten, verschiedene Phasen der Leidbewältigung. Im gelingenden Durchleben von Leid spielen seelische Prozesse eine nicht zu unterschätzende Rolle.

Da sich diese sowohl bei den Sterbenden als auch bei denen, die sie begleiten, abspielen, ist es hilfreich, diese natürlichen Abläufe zu kennen. So kann manchem Missverständnis hilfreich begegnet und einer entspannten Gelassenheit im Umgang miteinander Raum geschaffen werden.

Die Stufen der Leidbewältigung

Für den Sterbenden ist es ein Vorteil, wenn er ahnt, wie seine seelische Verfassung sich im Laufe der Leidbewältigung ändern kann. Für diejenigen, die in dieser Zeit mit ihm intensiven Umgang haben möchten, ist dieses Wissen ebenso wichtig, denn nur so können sie ihn verstehen und ihm angemessen begegnen.

Gerade dies ist heute zunehmend schwieriger geworden, weil das Sterben in den letzten Jahrzehnten aus der Normalität des Lebens ausgeklammert war. Sterben wurde als Ausnahmesituation verdrängt und der natürliche Umgang mit Sterbenden weithin verlernt.

Deswegen möchte ich nicht mit der Beschreibung dessen beginnen, was ein todkranker Mensch fühlt, sondern mit dem, was Menschen in ihren vitalen Lebensjahren in Situationen der Krisenbewältigung durchleben. Wer sich selbst gefühlsmäßig in diesen Umbruchsituationen wiederfinden kann, hat auch einen emotionalen Zugang zu dem, was im Sterbeprozess geschieht.

Wie wir im normalen Leben alltägliche Krisen bewältigen
Uwe und Ute sind seit Jahren miteinander befreundet. Plötzlich beendet Ute die Beziehung. Ihre Umschulung und der neue

Arbeitsplatz haben ihren Freundeskreis und auch ihren Lebensstil verändert. Sie möchte umziehen, möchte viel in ihrem Leben verändern. Sie spürt, dass Uwe und sie nicht mehr zueinander passen.

Schon manchmal hat sie ihm gegenüber leichte Andeutungen gemacht, dass sie mehr Freiheiten möchte und gerne wieder Single wäre. Aber offensichtlich verstand Uwe diese Warnsignale nicht.

So schreibt sie ihm einen Brief. Klar und unmissverständlich löst sie darin ihre Beziehung zu ihm.

Nicht wahrhaben wollen

Uwe versteht die Welt nicht mehr. Immer wieder liest er den Brief. Das kann doch nicht wahr sein!

Bestimmt hat sie das gar nicht so gemeint!

Er ist sich ganz sicher, dass seine Freundin in den nächsten Tagen wieder zu ihm zurückkommt. Ihm scheint alles wie ein böser Traum zu sein, der bald vorüber ist. Nach außen hin tut er so, als sei alles wie immer. Er trifft sich mit seinen Freunden und verhält sich so normal, dass niemand etwas bemerkt.

Zorn und Wut

Nach einiger Zeit wird ihm klar, dass Ute ihre Entscheidung ernst gemeint hat. Er kann und will ihre Trennungsgründe jedoch nicht akzeptieren. Aus seiner Sicht war ihre Beziehung gut und harmonisch. Er ist wütend. Wütend auf Ute, die ihm solches Leid antut. Wütend auf seine Freunde, die ihn nicht richtig verstehen. Wütend und neidisch auf andere Menschen, die in glücklichen Paarbeziehungen leben.

In den folgenden Wochen vergräbt Uwe sich in Selbstmitleid und Weltschmerz. In dieser Zeit ist es sehr schwer, mit ihm Umgang zu haben. Uwe reagiert gereizt und ist meist schlecht gelaunt.

Verhandeln

Uwe hofft auf eine neue Chance in seiner Beziehung zu Ute. Er möchte sich mit ihr aussprechen. Allerdings nur mit dem einen Ziel: ihre Freundschaft zu retten. Er ruft sie an und macht ihr Versprechungen: Wenn sie wieder zu ihm zurückkäme, so würde er versuchen, mehr Interesse an ihrem neuen Beruf zu zeigen. Er würde sich auch bemühen, ihren neuen Freundeskreis zu akzeptieren. Überhaupt werde er mehr Zeit mit ihr verbringen wollen und ihr auch zuhören, wenn sie von sich erzählt.

Uwe tut dies, weil er eigentlich ein schlechtes Gewissen hat. Seine Versäumnisse werden ihm allmählich bewusst und er will nun alles in seiner Macht Stehende tun, um die entstandenen Konsequenzen rückgängig zu machen.

Depression

Als dies nicht gelingt, fällt Uwe in tiefe Depression. Er begreift, dass seine Beziehung zu Ute endgültig gescheitert ist. Er muss sich dieser Tatsache stellen.

Uwe zieht sich von seinen Freunden zurück. Er holt die Fotos und Filme des letzten gemeinsamen Urlaubs hervor. Stundenlang hängt er seinen Erinnerungen nach. Ohne Ute macht ihm nichts mehr richtig Freude. Uwe trauert und nimmt Abschied von seinem gemeinsamen Leben mit ihr.

Zustimmung

Nach einiger Zeit kommt Uwe zu einer nüchternen Bewertung der Trennung. Er stellt sich den Tatsachen. Ihm wird auch bewusst, dass ihr Leben und ihre Interessen mit der Zeit sehr unterschiedlich geworden sind. Er denkt, dass eine Trennung für sie beide neue Lebenschancen öffnen kann.

Uwe wird selbstkritisch.

Was Menschen auf dem Weg des Sterbens seelisch verarbeiten

Im Prozess des Sterbens finden sich diese Phasen der Krisen-bewältigung wieder. Dabei dürfen sie keinesfalls als auto-matisch ablaufend missverstanden werden. Ihr Verlauf ist so unterschiedlich wie das Leben eines Menschen. Manch einer überspringt einzelne Phasen, andere durchleben sie in ganz unterschiedlicher Reihenfolge, bei wieder anderen kann es passieren, dass sich einige Phasen wiederholen.

Sterben ist ein Teil des Lebens und als solcher ist Sterben ein lebendiger, nicht steuer- oder vorhersehbarer Prozess. Dennoch zeigt es sich, dass Sterbende fast immer mehrere der aufge-zeigten Punkte erleben.

Nicht wahrhaben wollen

Nach der Ankündigung einer unheilbaren Krankheit reagieren viele Menschen mit radikaler Ablehnung der gestellten Diag-nose: »Das ist nicht möglich! Da sind Untersuchungsergebnisse vertauscht worden!«

Sie konsultieren dann mitunter verschiedene Ärzte in der Hoffnung, dass das diagnostizierte Krankheitsbild nicht zutrifft.

Tief im Inneren aber wissen sie, wie es um sie steht. Die äußere Aktivität ist in erster Linie eine Strategie, um sich künstlich Zeit zu verschaffen, damit man sich noch nicht mit dem Unabwendbaren auseinandersetzen muss.

Manchmal ist der so Betroffene in einem großen inneren Zwiespalt. Einerseits versucht er, dem Ernst der Lage und damit dem Ernst des Todes auszuweichen. Das kann auch dazu führen, dass diese Menschen ein Klima der Unnahbarkeit und Härte um sich herum verbreiten, das sie zwangsläufig in die Isolation treibt.

Andererseits aber sehnen sie sich danach, mit anderen über den Tod zu sprechen.

Tipps im Umgang mit Betroffenen:

- ❧ Gesprächsangebote machen.
- ❧ Zeit für ihn haben.
- ❧ Den Betroffenen selbst bestimmen lassen, wie weit er sich öffnen will.
- ❧ Den Betroffenen nicht zur Einsicht zwingen wollen.

Zorn und Wut

Wenn der Betroffene den ernsten Zustand vor sich selbst und anderen nicht mehr leugnen kann, reagiert er oft mit Zorn und Empörung.

Alles in ihm lehnt sich gegen den unausweichlichen Tod oder die todbringende Krankheit auf. Warum gerade ich? Womit habe ich das verdient?

Für Angehörige und Pflegende ist gerade diese Phase besonders schwierig. Der Zorn des Patienten kann sich jetzt gegen alles und jeden richten. Auch dem Partner gegenüber kann der Betroffene jetzt feindselig, aggressiv und abweisend reagieren.

Besonders problematisch sind Menschen, die in ihrem Leben eine dominierende Rolle gespielt haben und nun plötzlich aus dieser herausgerissen sind. Sie fühlen sich in extremer Weise machtlos, hilflos und überflüssig.

Tipps im Umgang mit Betroffenen:

- ❧ Kritik und Nörgeln aushalten! Es keinesfalls persönlich nehmen!
- ❧ Sich nicht vom Betroffenen abwenden, sonst gerät er in Isolation und später in die tiefe Not der Einsamkeit.
- ❧ Versuchen, ihm Zuwendung, Zeit und Aufmerksamkeit zu schenken. Meist werden Menschen, die Verständnis finden, bald ruhiger und ausgeglichener.
- ❧ Dem Betroffenen das Gefühl geben, dass er noch ganz da ist und man ihn nicht abgeschrieben hat, sondern noch mit ihm rechnet!

↣ Es kann durchaus richtig sein, ihn auch bei wichtigen Entscheidungsfragen einzubeziehen. Krankheit beeinträchtigt zwar, aber der Kranke möchte seine Potenziale noch weitgehend ausschöpfen.

Verhandeln

Meistens dann, wenn Wut und Ärger sich erschöpft haben, tritt die Phase des Verhandelns ein.

Da es um Dinge geht, die nicht in der Hand des Menschen liegen, nämlich eine Heilung oder die Verlängerung des Lebens, ist Gott derjenige, mit dem verhandelt wird. »Wenn ich noch etwas mehr Zeit bekomme, dann werde ich…«

Hier spielt der Gedanke der Wiedergutmachung eine wichtige Rolle – selbstkritische Rückblicke haben hier oft ihren Ursprung.

Der Betroffene hält diesen Vorgang vor anderen meist geheim. Aber ihm tut es psychisch gut, denn durch dieses »Verhandeln« mit Gott gewinnt er Zeit.

Tipps im Umgang mit Betroffenen:

↣ Da hier meistens Schuldgefühle eine Rolle spielen, sollten Andeutungen, die der Betroffene preisgibt, nicht abqualifiziert oder einfach beiseitegeschoben werden.

↣ Wichtig ist, dass der Betroffene mit unserer unbedingten Verschwiegenheit rechnen kann!

↣ Mit viel Einfühlungsvermögen kann man (wenn möglich) helfen, die Schuldgefühle zur Sprache zu bringen und abzubauen.

↣ Die Hoffnung auf Lebensverlängerung sollte man einfach stehen lassen – aber dennoch niemals falsche und unrealistische Erwartungen unterstützen!

↣ Irrationale, völlig unbegründete Ängste können durch Gespräche gemildert werden: Wenn man über den »Drachen« reden kann, dann wird er plötzlich klein.

Depression

Wenn die Realität (vielleicht durch den entsprechenden Krankheitsverlauf) nicht mehr zu leugnen ist, fällt der Betroffene meist in tiefe Depression.

Diese Traurigkeit ist eine Reaktion auf den endgültigen Abschied von Hoffnungen, Träumen, Zielen, die man noch hatte. Es ist der Schmerz um das verlorene Dasein.

Zum anderen hat die Depression auch eine »therapeutische« Wirkung. Sie hat die Funktion, den Kranken endgültig auf die Loslösung von dieser Welt vorzubereiten. Er weicht dem Schmerz nicht mehr aus, sondern stellt sich ihm mit der ganzen Wucht der Angst und Traurigkeit.

Meist werden Menschen dann bereit, sich auf den Sterbeprozess einzulassen.

Tipps im Umgang mit Betroffenen:

- ✆ Die Depression ist ein Teil der Verarbeitung des Sterbens. Dies kann man positiv unterstützen, indem man die Traurigkeit mit aushält, das Weinen zulässt und den zeitweiligen »Rückzug« akzeptiert.
- ✆ Nicht hilfreich: Beschwichtigungen oder Verharmlosen der ernsten Situation. All dies wäre ein Rückschritt für den Betroffenen, der sich ja gerade auf den Weg gemacht hat, sein Leid und seinen Tod anzunehmen.
- ✆ Das Selbstwertgefühl stärken.
- ✆ Selbstvorwürfe wenn möglich entkräftigen und den Betroffenen ehrlich beruhigen.
- ✆ Dem Sterbenden steht nun der Verlust all dessen bevor, was ihm wichtig ist. Es ist wichtig, ihm für seine Trauer Raum zu geben.
- ✆ Unterstützung bei der Abschiedsarbeit: Adressen von Freunden finden, Angehörige benachrichtigen. Der Sterbende hat oft das starke Bedürfnis, sich zu verabschieden und Unerledigtes abzuschließen.

- Wichtig: nicht mehr viel reden, sondern zuhören und schweigen können.
- Das Gefühl der Nähe vermitteln – »Ich bin bei dir.«

Zustimmung

Verzweiflung, Hoffnungslosigkeit und Zorn sind nun verschwunden. Mit stiller Erwartung sieht der Sterbende nun seinem Ende entgegen. Meist ist er jetzt müde und schwach. Er sehnt sich nach Ruhe und möchte gerne auch von außen her in Ruhe gelassen werden und dahindämmern. Das Interesse an der Umwelt erlischt – auch die Probleme, die er vorher vielleicht noch hatte, verlieren ihre Bedeutung.

Diese Phase des Sterbens ist meist frei von Gefühlen – weder Glück noch Trauer werden hier (vermutlich) empfunden.

Der Schmerz scheint vergessen, der Kampf ist vorbei, nun kommt die Zeit der letzten Ruhe vor der langen Reise

Tipps im Umgang mit Betroffenen:

- Nähe durch Körperkontakt (wenn dies gewünscht ist).
- In jedem Fall das Gefühl vermitteln: »Du bist nicht allein«.
- Gesten und Mimik der Menschen um ihn herum erhalten nun eine große Bedeutung für den Sterbenden, weil er diese jetzt genau registriert. D. h. es ist gut, wenn man sich hier selbst kontrolliert!
- Nach Möglichkeit letzte Wünsche erfüllen.
- Problematisch ist dies für manche Angehörigen, die erst jetzt dazukommen, denn sie haben den vorausgegangenen Prozess des Sterbens nicht miterlebt.
- Sehr wichtig: eine ruhige und friedliche Atmosphäre schaffen. Darauf achten, dass niemand durch lautes Reden oder unnötige Gespräche die äußere Ruhe stört.

Angehörige und Sterbende sind auf dem Weg des letzten Abschieds gleichermaßen Betroffene. Beide müssen eine Lebenskrise bewältigen.

Daher ist es gut, wenn sie sich bewusst auf diesen Prozess einlassen. Wichtig wird hier Offenheit für die Veränderung, die nun mit ihnen selbst und ihrem Leben passiert.

Für beide kann dieser Weg eine Chance sein:

Für den Schwerkranken oder Sterbenden, um das gelebte Leben in Frieden abzuschließen und seine Gedanken auf das Leben nach dem Tod auszurichten.

Für die Zurückbleibenden, um das Leben neu begreifen zu lernen.

In diesem Sinn kann die Meditation der Leidensgeschichte von Jesus als der gemeinsame Weg verstanden werden, auf dem beide gehen, miteinander ins Gespräch kommen, miteinander Abschied nehmen und miteinander den Aufbruch ins Leben wagen.

Vom Segen und verborgenen Glück des gemeinsamen Weges

Die Leidensgeschichte von Jesus zu meditieren, hilft vielen Menschen dabei, ihre eigene schwere Lebenssituation zu bewältigen.

Sie machen sich mit Jesus auf den Weg.

Die Leidensstationen von Jesus können in dieser Weise für eigenes Leid und eigene Nöte, die sich in der Zeit des Abschiednehmens ergeben, durchlässig werden.

Sie möchten dazu ermutigen, diese letzte Zeit als eine kostbare Lebenszeit zu begreifen, die man selbst gestalten kann.

Sie können dazu verhelfen, den Tod als einen Teil des eigenen Lebens anzunehmen und sich bewusst auf den Weg des Sterbens einzulassen.

Auch Jesus ist diesen Weg des Abschiednehmens gegangen. Als er sich auf den Weg nach Jerusalem machte, wusste er, dass er sterben muss. Es blieben ihm nur noch eine Woche Lebenszeit, dann folgten sein Tod und seine Auferstehung. Beim genauen Lesen der biblischen Berichte können wir entdecken, wie Jesus selbst Abschied genommen hat vom Leben und von seinen Freunden; wie er mit dem Tod gerungen hat und sich in sein Schicksal ergab; wie Menschen ihn begleitet und gestärkt haben, wie aber auch Beziehungen bis zum Zerreißen gespannt wurden. Wir erkennen an seinem Lebensweg, wie der Tod sich in all seinen Schrecken zeigte, wie aber auch jenseits des Todes ein neues Leben begann. Vielleicht spiegeln manche Abschnitte unsere eigenen Verhaltensweisen und Sehnsüchte wider. Oder die biblischen Texte bieten uns eine Anregung für einen noch unbekannten Weg.

In diesem Sinne mögen die Texte und Gebete allen, die Abschied nehmen müssen, zum Segen werden.

Kapitel 1

Dem Abschied zustimmen

Die Salbung in Betanien

Gebet

Gott meiner Wege,
du kennst all die Wege, die hinter mir liegen,
du kennst die Wege,
auf denen ich mich jetzt mühe,
du weißt auch um die Wege,
die noch vor mir sind.

Lass mich zur Ruhe kommen, mein Gott.
Lass mich innehalten und zurückschauen
auf den Lebensweg, den ich gegangen bin.
Du bist mir nahe gewesen –
auch wenn ich dich nicht immer sah.

Lass mich zur Ruhe kommen, mein Gott.
Lass mich innehalten und sehen,
wer ich bin –
ohne meine Lebensleistungen,
ohne mein Konto,
ohne all das,
was ich vor Menschen aufweisen konnte.

Lass mich zur Ruhe kommen, mein Gott.
Lass mich innehalten und dich hören
in der Stille meines Herzens –
gib mir Kraft, bevor ich weitergehe,
und segne mich.

Gott meiner Wege,
dir vertraue ich mich an.
Mit dir breche ich auf in mein Morgen.

Johannes 12,1–3 – die Bibel

»Sechs Tage vor Beginn der Passah-Feierlichkeiten kam Jesus nach Betanien, in die Heimatstadt von Lazarus – jenes Mannes, den er von den Toten auferweckt hatte. Dort wurde zu seinen Ehren ein Festessen gegeben. Marta bediente die Gäste, und Lazarus saß mit ihm am Tisch. Da nahm Maria ein zwölf Unzen fassendes Fläschchen mit kostbarem Nardenöl, salbte Jesus mit dem Öl die Füße und trocknete sie mit ihrem Haar. Der Duft des Öls erfüllte das ganze Haus.«

Gedanken zum Bibeltext

Nun ist Jesus am Ende seines irdischen Lebens angelangt. Er ist ein Mann in der Blüte der Jahre. Ein Mann, der sein Leben eigentlich noch vor sich hat und von dem andere Großes erwarten.

Jesus aber weiß, wie es um seine Zukunft bestellt ist. Nur noch eine kurze Zeit wird ihm bleiben – dann wird er sterben müssen.

Jesus wird uns hier in seiner Menschlichkeit geschildert, wie er seinen Weg in den Tod und durch den Tod hindurch geht.

Wir sehen, dass er noch einmal Orte aufsucht, die in seinem Leben große Bedeutung hatten.

Er geht an den Jordan (Johannes 10,40), dorthin wo Johannes ihn getauft hatte und sein öffentliches Auftreten vor etwa drei Jahren begonnen hatte.

Danach zieht er weiter ins jüdische Bergland nach Betanien. Dort wohnen Lazarus, Maria und Marta – treue Freunde und Weggefährten. Vielleicht wollte er sie noch einmal sehen, noch einmal im Kreis seiner Lieben Kraft schöpfen oder alte Erinnerungen wachrufen. Auch Jesus braucht die Nähe anderer

Menschen, ihre Freundschaft. Wie gut können wir das nachvollziehen!

Jesus ist nicht alleine und isoliert in seinem Leiden. Er sucht Menschen, die mit ihm diesen Weg gehen.

Zugleich wird aber auch deutlich, wie schwer es ist, das Thema Sterben überhaupt anzusprechen. Noch schwerer ist es, sich einzugestehen: Das Sterben kommt jetzt. Wir müssen Abschied nehmen.

Was genau in diesen Stunden tiefster Traurigkeit gesprochen wurde, wissen wir nicht. Eines aber ist bedeutsam – es ist die besondere Tat der Maria.

Sie salbt Jesus. Diese Salbung ist mehr als nur eine Geste inniger Liebe. Sie drückt aus: Ich weiß, dass du sterben musst! Ich lasse diese Wahrheit an mich und an dich heran. Ich mache mir nichts vor. Aber ich weiß, dass du auch auf deinem Weg in den Tod in Gottes Nähe geborgen bleibst!

Schon bei den Propheten und Königen Israels war der Gedanke der Nähe Gottes mit der Salbung verbunden. Der Gesalbte war ein Gotteskind.

Das gilt auch für Jesus. In seiner menschlichen Natur war dieser Zuspruch für ihn Stärkung auf seinem letzten Weg.

Ich bin nicht der Verlierer im Leid, sondern ein Mensch, der zur Gottesgemeinschaft berufen ist – gerade im Leid.

Über dem Haus in Betanien lagen nicht nur Kummer und Schmerz. Nein, jetzt lag der Duft dieses herrlichen Öls in der Luft – ein Zeichen der Gegenwart Gottes.

»Gott ist mit uns am Abend und am Morgen und ganz gewiss an jedem neuen Tag!«[2]

Gedanken zum miteinander Nachdenken

Die Erinnerung noch einmal lebendig werden lassen
Am Ende eines Lebens schauen Menschen zurück. Viele bedeutsame Ereignisse gab es, die das Leben tief geprägt haben. Da

sind die Erinnerungen an die Kindheit und Jugend, die Leistungen und Träume, mit denen man als junger Mensch hinaus ins Leben ging, die großen Würfe und die herben Fehlschläge. Das Leben hielt meist beides bereit.

Im Rückblick tauchen oft viele Bilder von Erinnerungen auf. Manches möchte man noch einmal erzählen und den Zurückbleibenden wie ein letztes Vermächtnis ans Herz legen. Ratschläge, Lebenseinsichten oder Einzelheiten der erlebten Familiengeschichte möchte mancher weitergeben, damit sie auch dann, wenn man selbst gegangen ist, noch weitergegeben werden können.

Wie gut, wenn wir uns dafür Zeit nehmen!

Vielen Menschen wird jetzt bewusst, wie wichtig es ist, einfach beieinander zu sitzen und einander zuzuhören.

Manch einer unternimmt jetzt noch einmal eine Reise zu lieb gewordenen Menschen oder zu Orten besonderer Erinnerung, um dort ganz bewusst und intensiv Abschied zu nehmen.

Manch einer wird diese Reise in Gedanken machen müssen. Die Kräfte reichen für den Weg nicht mehr aus.

Der Anfang, um miteinander ins Gespräch zu kommen oder auch für sich selbst einen Rückblick zu halten, kann das Blättern in Fotoalben sein und das Reden über gemeinsame Erlebnisse. Der Rückblick in das eigene Leben ist nötig, um in Ruhe Abschied von den eigenen Tagen, Jahren, Begegnungen, Freuden und Enttäuschungen zu nehmen. Gewiss wird dies nicht ganz leicht sein. Neben dem Schönen kommt auch das Schwere wieder ins Bewusstsein. Aber auch das Schwere noch einmal zu sehen, um es dann für immer ruhen zu lassen, erleichtert vielen Menschen den Abschied vom eigenen Leben.

Für die, die zurückbleiben, sind diese Stunden gemeinsamer Erinnerung nicht ganz einfach.

Aber in einem solchen Rückblick liegt bei allem Schmerz meistens noch viel mehr Tröstliches. Es ist das Aufleben der gemeinsamen Lebenszeit, deren Glanz durch den Tod nicht verschwindet.

Es ist die Möglichkeit, vielleicht noch manches auszusprechen, was an Schuld und Versäumnissen auf dem Weg lag.

Es ist die Chance, versöhnt auseinanderzugehen.

Ehrlichkeit tut weh – aber sie ist heilsam

Jetzt war es heraus! Alle im Haus hatten es verstanden, dass nun die letzte Lebenszeit für Jesus gekommen war. Er hatte die Salbung an sich geschehen lassen – auch er wusste, dass er bald sterben würde.

»Es gibt immer noch Hoffnung!« Natürlich haben wir Menschen die Sehnsucht danach, dass ein Krankheitsverlauf plötzlich stoppt oder besser verläuft als diagnostiziert wurde. Aber es gibt auch eine Art von Hoffnung, die trügerisch ist. Sie wiegt uns in Illusionen und hindert uns, einander mit unseren Ängsten und Sorgen nahe zu sein. Wie befreiend kann es daher sein, voreinander ehrlich zu werden.

Mancher Angehörige hat vielleicht Angst, seinen Lieben schon vorzeitig abzuschreiben, wenn er das Thema Sterben offen anspricht.

Bei manch einem mag auch die Sorge mitschwingen, der Kranke selbst könne diese Offenheit missverstehen – zumal dann, wenn er noch nicht augenscheinlich hinfällig ist. Die Erfahrungen aus der Sterbebegleitung aber zeigen, dass entgegen diesen Befürchtungen die meisten Menschen im Nachhinein das offene Gespräch nicht missen möchten.

Die Offenheit ermöglichte wirkliche Gemeinschaft! »Nun konnten wir den schweren Weg zusammen gehen, uns unsere Sorgen anvertrauen, gemeinsam zurückschauen, miteinander trauern und uns gegenseitig trösten.«

Ein altes Ritual der Sterbebegleitung ist die Krankensalbung (siehe Seite 134).

Wer bin ich – am Ende meiner Tage?

Diese Begegnung in Betanien war für Jesus wichtig. Die menschliche Nähe und das Gespräch mit geliebten Menschen ließen ihn wissen: Ich bin nicht allein, ich bin wichtig und wertvoll in den Augen anderer Menschen.

Sterbende und Schwerkranke brauchen diesen Zuspruch und die Nähe anderer Menschen.

Aber im Angesicht des Todes bricht sich bei fast allen Menschen noch ein weiteres Bedürfnis Bahn: Sie möchten eine Antwort auf die Fragen: Was bleibt am Ende meines Lebens, wenn ich alles Irdische zurückgelassen habe? Wer bin ich, wenn ich auch die letzte Hand losgelassen habe? Manch einen bedrückt es sehr, die eigene Schwachheit erleben zu müssen und zu begreifen, dass Abschiednehmen heißt, sich von allem zu lösen, was hier im Leben Bedeutung hatte. Was bleibt mir?

»Da nahm Maria ein zwölf Unzen fassendes Fläschchen mit kostbarem Nardenöl, salbte Jesus mit dem Öl die Füße...« (Johannes 12,3).

Maria weist mit ihrer Zeichenhandlung auf die tiefere Wahrheit menschlichen Lebens hin. Die Salbung ist ein Zeichen des unabänderlichen Todes, der jeden Menschen ereilen wird. Zugleich ist die Salbung ein Zeichen dafür, dass Gott sich dem Menschen in Liebe zuwendet.

Dann, wenn unsere Lebensleistungen keine Rolle mehr spielen, wenn das Leben zerrinnt, liegt der Trost darin, dass über unserem Leben eine andere und viel tiefere Wahrheit liegt: »Hab keine Angst, ich habe dich erlöst. Ich habe dich bei deinem Namen gerufen; du gehörst mir« (Jesaja 43,1).

Das Sterben stellt uns vor die existenzielle Frage: Wer bin ich – dann, wenn mein Leben vorüber ist?

Im Glauben haben viele Menschen die Antwort gefunden: Dein bin ich, mein Gott, im Leben und im Tod. Und dennoch ist diese Wahrheit nur schwer mit Worten zu fassen, denn

Worte sind nur begrenzt hilfreich. Aber durch das Zeichen der Salbung wird dem Menschen konkret fühlbar, was Gott ihm anbieten möchte. Die Nähe zu ihm. Es ist das Angebot des liebenden Gottes, das hier als Trost aufleuchtet: Vertraue mir, lass dich von mir rufen – dann wirst du dich auch im Tod nicht verlieren, sondern in meiner Liebe neu gefunden werden.

Wer bin ich?

Wer bin ich? Sie sagen mir oft,
ich träte aus meiner Zelle
gelassen und heiter und fest
wie ein Gutsherr aus seinem Schloss.

Wer bin ich? Sie sagen mir oft,
ich spräche mit meinen Bewachern
frei und freundlich und klar,
als hätte ich zu gebieten.
Wer bin ich? Sie sagen mir auch,
ich trüge die Tage des Unglücks
gleichmütig, lächelnd und stolz,
wie einer, der Siegen gewohnt ist.
Bin ich das wirklich, was andere von mir sagen?
Oder bin ich nur das, was ich selbst von mir weiß?
Unruhig, sehnsüchtig, krank, wie ein Vogel im Käfig,
ringend nach Lebensatem, als würgte mir einer die Kehle,
hungernd nach Farben, nach Blumen, nach Vogelstimmen,
dürstend nach guten Worten, nach menschlicher Nähe,
zitternd vor Zorn über Willkür und kleinlichste Kränkung,
umgetrieben vom Warten auf große Dinge,
ohnmächtig bangend um Freunde in endloser Ferne,
müde und zu leer zum Beten, zum Denken, zum Schaffen,
matt und bereit, von allem Abschied zu nehmen?

Wer bin ich? Der oder jener?
Bin ich denn heute dieser und morgen ein anderer?
Bin ich beides zugleich? Vor Menschen ein Heuchler

und vor mir selbst ein verächtlich wehleidiger Schwächling?
Oder gleicht, was in mir noch ist, dem geschlagenen Heer,
das in Unordnung weicht vor schon gewonnenem Sieg?
Wer bin ich? Einsames Fragen treibt mit mir Spott.
Wer ich auch bin, Du kennst mich, Dein bin ich, o Gott!

Dietrich Bonhoeffer[3]

Miteinander den Abschied leben

Krankensalbung
In der evangelischen Kirche wird dieses Ritual seit einigen
Jahren wieder sehr bewusst aufgenommen.

Viele Pfarrer und Pfarrerinnen stehen dem sehr aufgeschlossen gegenüber und kommen gerne zu einer Krankensalbung ins Haus.

In einer kleinen liturgischen Feier, die man auch in Absprache mit dem Pfarrer durch Gebete und Texte mitgestalten kann,
wird dem Kranken mit einem besonderen Öl ein Kreuzzeichen
auf die Hand oder die Stirne gezeichnet.

Was für eine Krankensalbung spricht?

Dem Kranken wird körperlich fühlbar der Segen Gottes
zugesprochen. Krankheit und Leid sind auch in ihren entstellenden Formen Teil des menschlichen Lebens. Gott liebt den
Leidenden und stellt sich auf seine Seite.

Das Ritual ist wie ein Schutzraum, der das Leid umschließt
und ihm den Ausweg aus der Verzweiflung und Angst
weist.

Damit ist die Hoffnung auf ein körperliches Heilwerden
oder eine gute Lebensverlängerung nicht ausgelöscht. Sie wird
bewusst aufgenommen – aber in großer innerer Gelassenheit.
Denn neben dem Gebet um Genesung steht der Gedanke im
Raum, dass man den weiteren Lebensweg ganz bewusst Gott
anvertraut und dazu den Segen erbittet.

Durch das Ritual der Krankensalbung knüpft man an eine

biblische Handlung an, die für Schwerkranke und ihre Angehörigen eine große Hilfe sein kann.

»Ist einer von euch krank? Dann soll er die Ältesten der
Gemeinde holen lassen, damit sie für ihn beten und ihn im
Namen des Herrn mit Öl salben« (Jakobus 5,14).

(Ritual einer Krankensalbung siehe Seite 134.)

Gebet eines Schwerkranken

Lieber Vater im Himmel,
meine Krankheit macht mir schwer zu schaffen.
Sie belastet mich an Leib und Seele.
Manches Mal sehe ich gar keine Hoffnung mehr.
Lass mich spüren,
dass du trotz aller Angst und allen Schmerzen bei mir bist
und mich nicht aus deinen Händen gleiten lässt.
Herr, gib mir die Fröhlichkeit des Herzens,
trotz allen Kummers.
Lass dein Angesicht leuchten über mir,
um deiner unendlichen Liebe willen.
Zeige mir den Weg, den ich nun gehen soll.

Geführt an deiner Hand vertraue ich auf das Morgen.
Du, Herr, wirst bei mir sein,
heute und an jedem Tag.

Gelobt sei deine Treue!

Amen.

Kapitel 2

Der Aufbruch

Aufbruch

Auf – bruch,
ein Bruch mit dem, was war.
Ein Bruch tut weh.

Mein Gott,
lass mich nicht zer – brechen.

Ich sehne mich nach dem
befreienden »Ja« –
zu deinem Weg mit uns.

Auf –
hinauf in Gottes Herrlichkeit,
auf in ein neues Leben.

Bruch –
wie ein Schiffbrüchiger bleibe ich zurück,
lass mich festen Boden finden, Herr!

Dein Segen, Gott, bewahre uns
und mache uns bereit zum Aufbruch.

Johannes 12,23–24 – die Bibel

»Jesus erwiderte: ›Für den Menschensohn ist die Zeit gekommen, dass er verherrlicht wird. Ich versichere euch: Ein Weizenkorn muss in die Erde ausgesät werden. Wenn es dort nicht stirbt, wird es allein bleiben – ein einzelnes Samenkorn. Sein Tod aber wird viele neue Samenkörner hervorbringen – eine reiche Ernte neuen Lebens.‹«

Gedanken zum Bibeltext

Seine Stunde ist gekommen Vor ihm steht der Tod. Jesus wird ihm als der grausamen Macht, die alles Leben zerstört, begegnen.

In seiner ganzen Härte wird der Tod ihn treffen. Nichts von allen Schrecken und Dunkelheiten wird ihm erspart bleiben.

Ihm steht bevor, was alle, die ihm im Glauben nachfolgen, in dieser letzten Konsequenz nicht mehr erleben müssen: der Kampf mit der Macht der Finsternis. Jesus sagt davon: »Für die Welt ist die Zeit des Gerichts gekommen, in der der Herrscher dieser Welt vertrieben wird. Und wenn ich am Kreuz aufgerichtet bin, werde ich alle zu mir ziehen« (Johannes 12,31.32).

Jesus hat in seinem Tod und in seiner Auferstehung diesen letzten und größten Feind menschlichen Lebens besiegt. Seitdem ist der Tod nicht mehr das Letzte und Endgültige, das uns auf unserem Lebensweg erwartet. Seitdem ist der Tod der Durchgang zu neuem Leben.

Die Stunde ist gekommen. Jesus bricht auf – innerlich und äußerlich.

Er hebt seinen Blick auf das Ziel, das er vor Augen hat. Dieses Ziel ist nicht das Leid, der Schmerz, die Traurigkeit. Das Ziel ist die Herrlichkeit Gottes.

So wie ein Korn, das in die Erde fällt, erst äußerlich vergehen muss, um dann wieder in neuer Gestalt aus der Erde hervorzusprießen – so ist auch unser Weg durch den Tod.

Dieses Korn bleibt nicht so, wie es war. Dieses Korn muss in all seiner Schönheit und Gestalt vergehen. Von ihm wird nichts übrig bleiben als eine kleine Schale, die verwest. Aber indem diese Veränderung an ihm geschieht, kann das neue Leben erst aufbrechen. Mit diesem Bild vergleicht Jesus das Sterben eines Menschen.

Jesus sagt: »Meine Seele ist in diesem Augenblick tief traurig. Soll ich beten: ›Vater, bewahre mich vor dem, was vor mir liegt‹? Doch eben deshalb bin ich ja gekommen! Vater verherrliche deinen Namen« (Johannes 12,27-28).

Manch Sterbender formuliert es so: »Ich hatte Angst – ich habe sie noch. Aber als ich mich nicht mehr gegen den Tod wehrte, sondern sagte: Ja, so ist es – ich bin nun auf dem Weg in ein anderes Leben, da wurde alles irgendwie leichter.«

Der innere Aufbruch war geschehen. Nun beschäftigt man sich mit dem Ziel.

Gedanken zum miteinander Nachdenken

Der Aufbruch

Wenn ich von meinem Rastplatz aufbreche, dann stehe ich jedes Mal ganz bewusst auf. Ich hetze nicht davon, ich nehme mir Zeit. Ich schaue zurück. Welch eine Wegstrecke liegt hinter mir!

Was habe ich alles überstanden und bisher geschafft!

> Ich halte noch einmal inne und sammle neue Kraft.
> Ich hetze nicht davon, sondern bereite mich auf die nächste
> Strecke meines Weges vor.
> Und dann gehe ich weiter – in dankbarer Zuversicht,
> dass der, der mich bis hierher behütet hat,
> auch weiterhin für mich sorgt.

Alle, die vom Abschied betroffen sind, müssen solch einen Aufbruch wagen. Jeder geht nun weiter.

Der Sterbende macht sich auf den Weg, der aus diesem Leben in das Leben der jenseitigen Welt führt.

Die Menschen, die ihm nahestehen, werden ebenso zum Aufbruch gezwungen. Ihnen wird das gewohnte Miteinander genommen.

Jeder hat einen Aufbruch vor sich.

Der Wanderer wird seine Wanderkarte nehmen. Sie gibt ihm Orientierung und Sicherheit auf der nächsten Wegetappe.

Wohin geht mein Weg? Das ist die Frage, die nun im Raum steht.

Wer die Wegstrecke, die vor ihm liegt, kennt, kann getroster aufbrechen. Mag sie auch noch so beschwerlich sein, er hat das

Ziel vor Augen. Das nimmt zwar nicht die Mühen des Weges, aber es macht sie leichter.

Die christliche Auferstehungshoffnung

Der Glaube an die Auferstehung ist das zentrale Bekenntnis christlichen Glaubens. »Ich glaube an die Auferstehung der Toten und das ewige Leben«, so heißt es im Nizäischen Glaubensbekenntnis.

Die Frage, was nach diesem Leben sei, ist wohl die älteste Fragestellung der Menschen überhaupt.

Falle ich dann in ein Nichts?

Im Judentum gab es noch keine ausgeprägte Lehre über das, was nach dem Tod kommt. Aber eines durchzieht die alttestamentlichen Schriften: das Grauen und die Angst vor der völligen Gottesferne. Nicht der Tod an sich war das Gefürchtete, sondern die Vorstellung, an einen Ort jenseits aller Gottesbeziehung zu geraten.

»Gott richtet jetzt seine Herrschaft auf«, sagt Jesus. Das bedeutet: Er selbst, der Christus, ist und bleibt die Person, durch die eine wirkliche Beziehung zwischen den Menschen und Gott geschaffen wird. In seiner Zeit auf Erden spürten das die Menschen, mit denen er zusammentraf. Sie erlebten die Befreiung wirklicher Vergebung und der Zuwendung Gottes.

Sie bekamen einen Vorgeschmack von dem, was es heißt, seine eigentliche Bestimmung zu leben. »Ich lebe, aber nicht mehr ich selbst, sondern Christus lebt in mir« (Galater 2,20). Sie erfuhren eine Erneuerung ihrer Existenz. Das war eine Veränderung, die nicht in ihren menschlichen Möglichkeiten lag. Es war die Liebe Gottes, die sie ihre Grenzen erkennen und überschreiten ließ. Es war die Liebe Gottes, die sie ihre eigene Unzulänglichkeit und Schuld erkennen ließ und in ihnen die Sehnsucht nach einem anderen, von Gottes Geist erfüllten Leben entfachte.

»Deshalb seid ihr nicht länger Fremde und ohne Bürgerrecht, sondern ihr gehört zu den Gläubigen, zu Gottes Familie« (Epheser 2,19).

So beschreibt der Apostel Paulus diese Lebensveränderung.

Durch den Tod und die Auferstehung von Jesus wurde diese Möglichkeit allen Menschen angeboten. Die Beziehung zu Gott lebt von nun an in der Beziehung des einzelnen Menschen zu Jesus Christus weiter. Ungeachtet von Raum und Zeit hat nun jeder Mensch die Möglichkeit, im Glauben an Christus, den Sohn Gottes, dieses neue und verändernde Leben zu erfahren.

Nichts kann uns von der Liebe Gottes trennen (vgl. Römer 8,35f). Dies ist bis heute die Kernbotschaft christlichen Glaubens.

Sie gilt besonders an der Schwelle des Todes. Wohin gehe ich jetzt?

Der Glaubende weiß sich verbunden mit Jesus Christus. Durch ihn hat er die innige Gemeinschaft mit Gott, die ihn sagen lässt »Vater unser, im Himmel«. Ihm bleibt diese Gottesgemeinschaft auch im Tod und durch den Tod hindurch. Auch dann, wenn am Tag des Weltendes, von dem in der Offenbarung des Johannes die Rede ist, jeder Mensch vor Gott für sein Leben Rechenschaft geben muss, wird er nicht in seiner Unzulänglichkeit vergehen müssen. Er wird dann Christus, den Erlöser, an seiner Seite haben und mit den Worten aus dem Buch Hiob vertrauen dürfen (Hiob 19,25-26): »Und doch weiß ich, dass mein Erlöser lebt und auf dieser Erde das letzte Wort haben wird. Mag meine Haut noch so zerfetzt und von meinem Fleisch wenig übrig sein, werde ich doch Gott sehen.«

Von guten Mächten treu und still umgeben

Von guten Mächten treu und still umgeben,
behütet und getröstet wunderbar,
so will ich diese Tage mit euch leben
und mit euch gehen in ein neues Jahr.

Noch will das alte unsere Herzen quälen,
noch drückt uns böser Tage schwere Last.
Ach Herr, gib unsern aufgeschreckten Seelen
das Heil, für das du uns geschaffen hast.

Und reichst du uns den schweren Kelch, den bittern
des Leids, gefüllt bis an den höchsten Rand,
so nehmen wir ihn dankbar ohne Zittern
aus deiner guten und geliebten Hand.

Doch willst du uns noch einmal Freude schenken
an dieser Welt und ihrer Sonne Glanz,
dann wolln wir des Vergangenen gedenken,
und dann gehört dir unser Leben ganz.

Lass warm und hell die Kerzen heute flammen,
die du in unsre Dunkelheit gebracht,
führ, wenn es sein kann, wieder uns zusammen.
Wir wissen es, dein Licht scheint in der Nacht.

Wenn sich die Stille nun tief um uns breitet,
so lass uns hören jenen vollen Klang
der Welt, die unsichtbar sich um uns breitet,
all deiner Kinder hohen Lobgesang.

Von guten Mächten wunderbar geborgen,
erwarten wir getrost, was kommen mag,
Gott ist mit uns am Abend und am Morgen
und ganz gewiss an jedem neuen Tag.

Dietrich Bonhoeffer[4]

Aufbruch – aus dem Brief eines Freundes

»Rebellion – das war meine Haltung als wir wussten, dass Susan bald sterben würde. Es konnte doch nicht sein, dass wir den Kampf gegen die Krankheit verlieren würden? Sollten all die Jahre unseres Bangens und Hoffens vergeblich gewesen sein? Konnte nach all dem, was wir durchgemacht hatten, nur noch der Tod als Ergebnis im Raum stehen?

Jahrelang hatten wir gehofft, die Krankheit könne zum Stillstand kommen. Susan ist eine Kämpfernatur, sie ließ sich nicht unterkriegen. Sie wollte leben – sie wollte wieder gesund werden.

Dass es auch anders kommen könnte – daran haben wir nicht gedacht. Vielleicht wollten wir nicht daran denken – und schon gar nicht darüber sprechen. Für uns gab es nur eines: Leben – überleben.

Jetzt bin ich hier auf der Terrasse unseres Hauses. Wie oft saß Susan hier. Immer wenn die Schmerzen nachgelassen hatten, kam sie mit ihrem Gehwagen heraus, setzte sie sich hierher, lachend, glücklich. Wir schaffen es – das war es, was sie mir mit einem Augenzwinkern ohne Worte sagte. Momentaufnahmen unseres Glücks.

Ich dachte damals, das müsse nun so weitergehen. Ich glaubte das auch noch wenige Wochen vor Susans Tod. Schwach war sie geworden und sehr abgemagert. Wie schon so oft sprachen wir davon, welche Therapie wir nun noch versuchen könnten. Ich redete und redete, bis Susan mich auf einmal ganz liebevoll ansah. ›Lass mich gehen, bitte!‹

Da war es raus. Ich hatte das ja geahnt – aber ich wollte diese Wahrheit nicht wissen, ich wollte sie nicht ertragen und hatte auch Angst davor, ob Susan sie ertragen könnte.

Nun wussten wir beide, woran wir waren. Panik, Wut, Angst, unendliche Traurigkeit – ich kann meine Gefühle von damals gar nicht beschreiben.

Aber jetzt, nach so vielen Monaten, weiß ich, wie unersetzlich wichtig uns diese Ehrlichkeit geworden ist. Wir machten uns von da an nichts mehr vor. Wir wussten, wohin unser Weg ging. Wir wussten auch, dass er bald zu Ende sein würde. Wir sind aufgewacht aus unserer Selbsttäuschung. Die Ärzte hatten es ja immer wieder vorsichtig anklingen lassen. Susans Leben liege nun nicht mehr in ihrer Hand, so hatten sie oft genug formuliert. Aber wir hatten das nicht verstehen wollen, vielleicht waren wir auch noch nicht so weit.

Heute bin nur froh und dankbar für unsere letzten gemeinsamen Wochen. Sie waren wunderschön. Es verging zwar kein Tag, an dem wir nicht geweint haben. Aber wir waren uns ganz nah in unseren Gedanken und Gefühlen, in unseren Ängsten und all den vielen Fragen, die das Sterben so mit sich bringt.

Wie viele Sonnenstrahlen des Glücks habe ich noch einfangen können. Der Förster gab mir die Erlaubnis, mit dem Auto in den Wald zu fahren. Oft waren wir dort und haben auf unserer Lieblingsbank gesessen, gelacht, unser Picknick ausgepackt, uns einfach nur gefreut, da zu sein.

Susan hat auch noch manche ihrer Freundinnen zum Kaffeetrinken im Garten oder an ihrem Bett eingeladen. Einmal sind wir sogar noch gemeinsam im Kino gewesen. Nein, es war nicht nur traurig. Es war intensiv, es war Leben – zusammengefasst auf kurze Zeit.

Jetzt, wo uns beiden klar war, wie unser Lebensweg weitergehen würde, besprachen wir die wirklich wichtigen Sachen. Das Ziel unseres Weges war der Tod. Aber nun konnte er nicht mehr einfach über uns hereinbrechen. Wir haben ihn gestaltet und sind unseren Abschiedsweg zusammen gegangen. Ich habe Susan begleitet – bis zu jener Himmelstür, an der sie abgeholt wurde. Und Susan hat mich begleitet bis an die Weggabelung, an der mein neuer Weg anfangen musste.«

Impulse aus der »ars moriendi«

Die *ars moriendi*, die »Kunst des Sterbens«, bezeichnet eine Tradition des Umgangs mit Sterben und Tod, die sich in Europa seit dem Mittelalter entwickelte. So gab es verschiedene Rituale, die im Umgang zwischen Sterbenden und ihren Angehörigen als hilfreich empfunden wurden. Sie legten fest, was jeder in den Zeiten des Abschiednehmens zu tun und zu lassen hatte. Die fortschreitende Individualisierung der Gesellschaft seit dem 20. Jahrhundert brachte es aber unweigerlich mit sich, dass allgemein verbindliche Verhaltensmuster verschwanden.

Hervorgerufen durch die medizinische und strukturelle Entwicklung kam es dazu, dass der Tod immer seltener im häuslichen Bereich stattfand. In den 80er Jahren starben etwa 80 Prozent der Menschen in Krankenhäusern oder Pflegeeinrichtungen. Meist vollzog sich das Sterben dort in Einsamkeit und Anonymität.

Es ist nicht zuletzt das Verdienst der Hospizbewegung, dass Sterben heute immer bewusster als ein begleitendes Miteinander auf dem letzten Lebensweg erfahren wird.

An manchen dieser Wegetappen können die Rituale der *ars moriendi* Impulse geben, in der heutigen Zeit den Abschied zu gestalten. In der Geschichte des Todes von Philippe Ariès[5] findet man den Hinweis, dass dem Aufbruch des Sterbenden eine besondere Aufmerksamkeit geschenkt wurde. Wenn ein Mensch fühlte, dass sein Leben zu Ende ging, teilte er dies den im Haus Anwesenden mit. Nun wurde er, soweit es die räumlichen Verhältnisse zuließen, anders gebettet. Sein Kopf sollte nach Westen und seine Füße nach Osten zeigen. Das war nun die Richtung, auf die hin seine Existenz sich ausrichtete: der Auferstehung, dem Osten entgegen.

Der Sterbende schaute, ebenso wie die Angehörigen, auf das Ziel seines Weges.

Somit war ein bewusstes Signal des Aufbruchs gesetzt. Das Ziel war benannt, es stand vor Augen, traurig und tröstlich zugleich.

Es kann nun nicht darum gehen, einfach alte Rituale in unsere moderne Zeit zu kopieren. Es soll aber danach gefragt werden, welche Impulse wir heute als hilfreich und gut in unserem Alltag mit Sterbenden aufgreifen und umsetzen können.

Möglichkeit zur Gestaltung des Aufbruchs heute

Wir können im Sichtbereich des Sterbenden ein Kreuz aufstellen. Vielleicht passen auch eine Kerze (ungefährlicher sind Teelichter oder eine Kerze in einem Glas), ein schönes Bild und Blumen dazu. Der Nachttisch eignet sich hierzu kaum. Meist steht er nicht in Blickrichtung des Schwerkranken und ist zudem die Ablagefläche für Medikamente und andere Gebrauchsgegenstände. Ein Tisch am Fußende des Bettes oder ein freier Platz auf einer Kommode bieten sich hierzu besser an. Ein so gestalteter Blickfang kann allen helfen, die vom bevorstehenden Tod betroffen sind. Er kann ein Trostpunkt sein: Man schaut dorthin und lässt sich ohne Worte sagen: Das Ziel des Weges ist nicht der Tod, sondern das Leben. Wenn Außenstehende ins Zimmer kommen, erhalten sie automatisch das Signal: hier wird nichts verschwiegen oder schöngeredet. Hier ist ein Mensch, der seinen Weg in die andere Welt begonnen hat. So wird man auch vor solch überflüssigen Floskeln wie »Es wird schon wieder!« geschützt.

Wenn man diesen Aufbruch gemeinsam begeht, dann kann dies auch im Rahmen einer kleinen Feier geschehen: ein Gebet, ein Lied (siehe dazu Seite 137 einen Entwurf, der auch kleinere Kinder mit einbeziehen lässt).

Worte von Jesus zum Abschied von seinen Jüngern

Habt keine Angst.
Ihr vertraut auf Gott,
nun vertraut auch auf mich!
Es gibt viele Wohnungen im Haus meines Vaters,
und ich gehe voraus, um euch einen Platz vorzubereiten.
Wenn es nicht so wäre,
hätte ich es euch dann so gesagt?
Wenn dann alles bereit ist,
werde ich kommen und euch holen,
damit ihr immer bei mir seid,
dort, wo ich bin.

JOHANNES 14,1-3

Kapitel 3

Im Leid Trost erfahren

Der Garten Gethsemane

Gebet eines Schwerkranken

Lieber Vater im Himmel,
mein Körper leidet, meine Seele weint.
Alle Hoffnung, dass ich wieder gesund werde, ist nun verloren.
Lass mich spüren,
dass du trotz aller Angst und allen Schmerzen bei mir bist
und mich nicht aus deinen Händen gleiten lässt.
Herr, gib mir Kraft in all meinem Kummer.
Lass dein Angesicht leuchten über mir,
um deiner unendlichen Liebe willen.
Sei du bei mir, in meiner Traurigkeit.
Tröste mich und lass mich nicht verzweifeln.
Schenke den Menschen, die mich lieben
die Kraft, mit mir den Weg des Abschieds zu gehen.
Schenke mir den Glauben daran,
dass nach diesem Leben ein ewiges Leben
auf mich wartet.
Geführt an deiner Hand vertraue ich auf das Morgen.
Du, Herr, wirst bei mir sein,
heute und an jedem Tag.
Segne mich und die Meinen.
Gelobt sei deine Treue!
Amen.

Dieses Gebet kann einem Schwerkranken auch vorgelesen werden; vielen Menschen tut es gut, Gebetstexte innerlich mitzuvollziehen – auch wenn sie selbst nicht mehr sprechen können. Hilfreich ist ebenso ein Fingerkreuz[6] für den Schwerkranken.

Lukas 22,39–46 – die Bibel

»Dann verließ Jesus zusammen mit seinen Jüngern den Raum und sie gingen wie gewohnt zum Ölberg. Dort forderte er sie auf: ›Betet, damit ihr der Versuchung nicht erliegt.‹ Er entfernte sich etwa einen Steinwurf weit, kniete nieder und betete: ›Vater, wenn du willst, dann lass diesen Kelch des Leides an mir vorübergehen. Doch ich will deinen Willen tun, nicht meinen.‹ Da erschien ein Engel vom Himmel und stärkte ihn. Aber er war von Angst erfüllt und betete noch heftiger und kämpfte so sehr, dass sein Schweiß wie Blut auf die Erde tropfte. Schließlich stand er auf und ging zu den Jüngern zurück, die, erschöpft vor Kummer, eingeschlafen waren. ›Warum schlaft ihr?‹, fragte er. ›Steht auf und betet. Sonst wird die Versuchung euch überwältigen.‹«

Gedanken zum Bibeltext

Jesus ist allein. Stunden zuvor hatte er noch das Passahmahl gefeiert.

Nun ist Jesus mit seinen Jüngern im Garten Gethsemane. Es ist Nacht. Und während die anderen im Schlaf zur Ruhe kommen, kann Jesus diese Ruhe nicht finden. Er weiß, dass seine Gefangennahme kurz bevorsteht. Nur noch wenige Stunden, oder vielleicht nur Minuten? Das Warten ist furchtbar – auch für ihn. Wann wird es sein? Wie lange noch? Was steht mir bevor? Wie werde ich das alles hinter mich bringen?

Jesus wird uns hier sehr menschlich beschrieben.

Er fühlt sich allein mit seiner Angst, die ihm den Schlaf raubt. Allein und ohne Hoffnung allem Kommenden ausgeliefert. Schmerzen – Qualen – Ruhe – Erschöpfung – Erlösung – was wird er auf diesem Weg erleben?

Jesus erträgt diese Nacht im Garten kaum.

Das Leid ist zu groß – und nirgends gibt es Antwort und Trost.

Er schüttet sein Herz vor Gott aus. Er betet.

Zwei Begegnungen werden uns nun aus dieser Nacht geschildert.

Die eine Begegnung ist die mit dem Engel Gottes. Engel sind Boten. Sie sind von Gott geschaffen und leben in seiner unsichtbaren Welt. Sie dienen Gott, indem sie nach seinem Auftrag daran mitwirken, dass Gottes Heilswille auf dieser Erde geschehen kann. Dies passiert in ganz unterschiedlicher Weise. Oftmals so, dass Menschen in Not und Anfechtung gestärkt werden.

Martin Luther formulierte in seinem Morgen- und Abendsegen: »Denn ich befehle mich, meinen Leib und Seele und alles in deine Hände. Dein heiliger Engel sei mit mir, dass der böse Feind keine Macht an mir finde. Amen.«

Jesus betet zu Gott. Er bittet ihn, wenn es möglich sei, ihm den Tod zu ersparen. Jesus betet hier sehr menschlich. Die Angst vor dem Tod hat ihn übermannt. Er spürt, dass er selbst nicht mehr die Kraft hat, sich diesem Grauen auszuliefern. Er ist ehrlich – und Gott begegnet ihm als der liebende Vater, der ihm in seiner Schwachheit hilft.

»Da erschien ein Engel vom Himmel und stärkte ihn.« Es ist eine geheimnisvolle Begegnung, deren Inhalt nur Jesus und der Engel kennen. Eine Begegnung, die mehr ist als eine Vertröstung oder ein normaler Zuspruch. Hier leuchtet ein Lichtstrahl der himmlischen Welt hinein in die Tiefen menschlichen Leidens.

Es ist die Seelsorge Gottes an dem Verzweifelten.

Es ist die Begegnung, die einen Blick öffnet in die zukünftige Herrlichkeit, die sich kurz dem Leidenden erschließt und ihm die Kraft für das Kommende gibt.

Aber noch eine weitere Begegnung wird uns im Garten Gethsemane geschildert. Es ist die mit seinen Jüngern.

Jesus geht durch den dunklen Garten zurück bis an den Ort, an dem er sie zurückgelassen hat. »Betet, damit ihr dieses Leid mit mir aushalten könnt«, so könnte man das auch formulieren, was er vor seinem Weggehen zu ihnen gesagt hatte. Welch eine Enttäuschung, als er sah, dass sie schliefen!

Hatte er nicht gewünscht, dass sie mit ihm wachen, sein Leid teilen, ihm nun in diesen schwierigen Stunden beistehen, ihm einen letzten Liebesdienst erweisen?

Sie sind seine Freunde – nach wie vor –, aber an der Schwelle des Todes können sie ihm nicht all das geben, was er nun braucht. Das muss Jesus hinnehmen.

Hier versagen sie, die ihm bisher treue Begleiter waren. Sie sind erschöpft, ausgelaugt. Sie können ihm nicht helfen. Er alleine muss durch diese letzte Einsamkeit hindurch.

In den Tiefen, die kein Trost erreicht

In den Tiefen,
die kein Trost erreicht,
lass doch deine Treue mich erreichen.
In den Nächten,
da der Glaube weicht,
lass nicht deine Gnade von mir weichen.
Auf dem Weg,
den keiner mit mir geht;
wenn zum Beten die Gedanken schwinden,
wenn mich kalt die Finsternis umweht,
wollest du in meiner Not mich finden.

Wenn die Seele wie ein irres Licht,
flackert zwischen Werden und Vergehen,
wenn des Geistes Kraft in mir zu nichts zerbricht,
wollest du an meinem Lager stehen.
Wenn ich deine Hand nicht fassen kann,
nimm die meine doch in deine Hände.
Nimm dich meiner Seele gnädig an,
führe mich zu einem guten Ende.

Justus Delbrück[7]

Gedanken zum miteinander Nachdenken

Gefährte sein in den Zeiten der Angst

»Jetzt geht es mir besser«, sagt manch ein schwerkranker Mensch. »Seitdem ist sie viel ruhiger geworden«, sagen oft die Angehörigen.

Dabei ist gar nicht viel geschehen. Es war nur der kurze Besuch eines Seelsorgers gewesen, ein vertrauliches offenes Gespräch unter vier Augen, das eine so heilsame Wirkung hatte.

In der *ars moriendi* vergangener Zeiten war es eine Selbstverständlichkeit gewesen, diesem seelsorgerlichen Beistand einen festen Platz in der Abschiedszeit einzuräumen. Heute ist das vielfach verloren gegangen.

Und doch zeigt es sich immer wieder, wie wichtig gerade solch ein Gespräch ist.

Die Leidensgeschichte von Jesus wird an dieser Stelle durchsichtig für das, was Menschen allgemein in den dunklen Stunden der Angst und der Auseinandersetzung mit dem Tod helfen kann:

Es ist das geistliche Gespräch. Das Reden über all die Gedanken und Fragen, die der Tod auslöst.

Viele Angehörige und auch Ehepartner spüren, dass der Sterbende über etwas reden will – aber es nicht tut. »Ich gebe mir solche Mühe, mit meinem Mann ins Gespräch zu kommen. Aber er weicht mir aus. Dabei merke ich doch, wie ihn etwas bedrückt. Warum will er sich mir nicht anvertrauen? Wir haben nie Geheimnisse voreinander gehabt.« Es ist ganz natürlich, wenn nahe Angehörige so empfinden. Der Sterbende aber spürt, dass er im Angesicht des Todes einen Trost braucht, der tiefer geht als das innigste menschliche Gespräch. Er braucht Antworten, die beim Übergang in die andere Welt standhalten können. Ihm geht es um seine Lebensgeschichte, mit allen Brüchen, Erfolgen und Misserfolgen, mit ihren Zielen und Versäumnissen. Oft plagen Selbstzweifel und eine Schuld, die man vor Menschen und Gott spürt. Vielen Menschen wird es ein drängendes Anliegen, ihr ganz persönliches Verhältnis zu Gott zu bedenken und zu klären.

Manche Freunde und Ehepartner können dies miteinander besprechen. Aber auch in der glücklichsten Partnerschaft wird es diesen ganz privaten Freiraum geben müssen, in dem jeder seine eigene Beziehung zu Gott lebt. Eine Beziehung, die nur Gott und den einzelnen etwas angeht.

Es ist gut, wenn Angehörige dies im Blick haben.

Gefährte eines Sterbenden zu sein, kann eben auch genau dies heißen: ihm seelsorgerlichen Beistand oder das Beichtgespräch ermöglichen.

Die Bedeutung von Beichte und Abendmahl

Beichte und Abendmahl hatten schon in der ars moriendi ihren festen Platz in der Sterbebegleitung. Die Beichte kommt dem Bedürfnis vieler Sterbender entgegen, über das zu sprechen, was sie in ihrem Lebensrückblick als belastend empfinden. Im vertraulichen Gespräch mit einer Seelsorgerin oder einem Seelsorger kann dies laut oder auch in der Stille benannt werden. Für diese Beichtgespräche gibt es verschiedene liturgische Abläufe. Wesentlich ist, dass dem Beichtenden die Liebe Gottes und die Vergebung zugesprochen werden. In der Praxis fällt auf, dass die Beichte sterbenden Menschen sehr dabei hilft, mit sich und ihrer Beziehung zu Gott ins Reine zu kommen.

Das Abendmahl wird im Zusammenhang mit dem Tod oft als »die letzte heilige Handlung« missverstanden. So wird dies leider möglichst lange hinausgeschoben. Das ist bedauerlich, denn es wäre besser, das Abendmahl zu einem Zeitpunkt zu feiern, an dem der Sterbende noch bei vollem Bewusstsein daran teilhaben kann. Christen feiern im Abendmahl ihre Gemeinschaft mit Gott und die Gegenwart von Jesus inmitten des Lebens. Das wird besonders konkret im Leiden. Christen glauben nicht an einen fernen Gott, sondern an den, der im

Leid an ihrer Seite bleibt. Immer wieder betonen Angehörige und auch schwerkranke Menschen, wie gut ihnen dieses christliche Sakrament tut. »Siehe, das ist das Brot des Lebens, dies ist der Kelch des Heils.« Mit diesen oder ähnlichen Worten empfängt der Kranke und Sterbende das Abendmahl. Er schmeckt und spürt die Zuwendung Gottes zu ihm. In einer tiefen und persönlichen Weise vollzieht sich so die Feier der Gemeinschaft mit Gott.

»Ich fühle mich in meinem Leid gestärkt. Jesus ist bei mir«, sagte ein schwerkranker Mann. »Mir tut es gut, dass wir unter dem Segen Gottes bleiben, egal ob wir tot sind oder leben«, äußerte die Tochter einer schwerkranken Frau. Ein junger Familienvater sagte: »Für uns war es wichtig, dass wir mit den älteren Kindern und unseren nächsten Angehörigen einen gemeinsamen Abschied hatten. Da kam noch einmal zum Ausdruck, dass wir eine Hoffnung haben. Gott wird uns helfen weiterzuleben und er wird unserer Mutter ein Leben ohne Leid und Schmerzen geben. Auch meiner Frau tat dies sehr gut. Ich glaube, sie konnte uns jetzt besser loslassen.«

Wir kommen unweigerlich an unsere Grenzen

Wer wochenlang einen geliebten Menschen zu Hause pflegt oder ihn täglich im Krankenhaus besucht, kommt an seine Grenzen. Es sind ja nicht nur die Pflege und die Mehrbelastung, die das für den Ablauf des Haushalts bedeutet. Der Angehörige durchlebt bereits einen Trauerprozess. Seine seelischen Kräfte werden durch den Schmerz des bevorstehenden Abschieds aufgezehrt.

»Ich war seit Wochen nicht mehr beim Friseur und nun traue ich mich kaum noch unter Menschen,« sagt manch ältere Dame, die einen Angehörigen pflegt. »Ich funktioniere nur noch. Aufstehen, füttern, pflegen, putzen, einkaufen, kochen, wieder füttern...ich komme gar nicht mehr zur Besinnung. Aber wenn ich darüber nachdenke, dass bald alles zu Ende ist, dann habe ich den Eindruck, ich breche zusammen.« »Ich weiß nicht mehr, wo mir der Kopf steht. Mit meinen Kindern muss ich für die Schule lernen, geputzt habe ich schon lange nicht mehr gründlich, mein Mann beschwert sich, dass wir keine Zeit mehr miteinander verbringen. Ich weiß nicht mehr, was ich tun soll!« Das sind Sätze, die oft von pflegenden Angehörigen gesagt werden. Erschöpft wie sie sind, halten sie den seelischen und körperlichen Anforderungen kaum Stand.

Das passt auch auf die Situation der Jünger im Garten Gethsemane. Sie haben keine Kraft mehr, mit Jesus zu wachen. Ihr Versagen ist kein Zeichen von Gleichgültigkeit. Sie hatten zuvor das Passahfest gefeiert und waren nun müde.

So wie die Jünger hier an ihre natürlichen Grenzen stoßen, ergeht es oft Angehörigen. Niemand braucht sich zu schämen, wenn sich diese Grenzen der eigenen Fürsorglichkeit bemerkbar machen. Sie sind natürlich und eine gesunde Reaktion des Körpers und der Seele. Wichtig ist nur, dass man den Mut findet, sich diese Grenzen rechtzeitig einzugestehen. Das ist kein Versagen.

Oft lassen sich dann im Familienverbund, im Freundeskreis oder in der Nachbarschaft Unterstützungsmöglichkeiten finden, an die man vorher gar nicht gedacht hatte.

Eine wichtige Hilfe bieten Ambulante Hospizgruppen an. Mittlerweile gibt es sie in fast allen Städten. Ihre Adressen sind im Verzeichnis der Ambulanten Hospizgruppen zu finden oder auch über Pflegedienste oder Kirchengemeinden zu erfragen. In diesen Gruppen sind ausgebildete ehrenamtliche Männer und Frauen tätig, die unter Schweigepflicht stehen und nach genauer Absprache stundenweise zur Sitzwache ans Kranken- oder Sterbebett kommen.

Es empfiehlt sich, möglichst frühzeitig mit einer solchen Einrichtung Kontakt aufzunehmen.

So können Angehörige sich etwas erholen, um dann für die entscheidenden Augenblicke genügend Kraft zu haben. Das ist besonders auch für den Sterbenden wichtig.

Segen für den Trauernden

Gott segne dich.

Er stehe an deiner Seite
in deiner Traurigkeit und Not.

Er halte dich fest
über dem Abgrund der Hoffnungslosigkeit.

Er bewahre dich
vor der lähmenden Angst,
die dir den Lebensmut zu nehmen droht.

Gott segne dich.

Er halte seine Hände schützend über dir.
Er wärme dich mit den Strahlen seines Lichts.

Er führe behutsam deinen wankenden Fuß,
damit er wieder Schritte ins Leben zu gehen wagt.

Gott segne dich
dass du mitten in der Nacht
deinen Blick zum Himmel lenkst
und Vertrauen fasst zu dem,
der dein Leben wieder in die Weite führen möchte.

Gott segne dich und schenke dir Trost,
Amen.

Kapitel 4

Aber die Liebe bleibt

Gefangennahme

Meine Grenzen

Ich kann das –

so baute ich mein Leben,
das war mein Ziel.

Ich kann das –

und was ich tat,
das gelang mir.

Ich kann das –

Probleme lösen
und Schwierigkeiten überstehen.

Ich kann jetzt
nichts mehr tun –

was wird aus mir?
Was wird mit mir geschehen?

Kann ich mich lieben
in meiner Schwachheit?
Werde ich fallen
in ein Nichts?

Einer sagt:
Ich werde für dich da sein –
immer-
und alle Tage
bis zur Vollendung der Welt.

Daran glaube ich!

Lukas 22,47-53 – die Bibel

»Er hatte noch nicht ausgeredet, da näherte sich eine Menschenmenge, angeführt von Judas, einem der zwölf Jünger. Judas ging auf Jesus zu und begrüßte ihn mit einem Kuss. Aber Jesus sagte: ›Judas, wie kannst du den Menschensohn mit einem Kuss verraten?‹ Als die anderen Jünger begriffen, was die Menge vorhatte, riefen sie: ›Herr, sollen wir kämpfen? Wir haben die Schwerter mitgebracht!‹ Und einer von ihnen griff den Diener des Hohen Priesters an und schlug ihm das rechte Ohr ab. Doch Jesus sagte: ›Leistet keinen Widerstand mehr.‹ Und er berührte das Ohr des Mannes und heilte ihn. Dann wandte er sich an die oberen Priester, die Befehlshaber der Tempelwache und die Anführer der Gruppe. ›Bin ich ein Schwerverbrecher‹, fragte er, ›dass ihr mit Schwertern und Knüppeln bewaffnet anrückt, um mich zu verhaften? Warum habt ihr mich nicht im Tempel verhaftet? Ich war doch jeden Tag dort. Aber dies ist eure Stunde, die Zeit, in der die Macht der Finsternis die Oberhand hat.‹«

Gedanken zum Bibeltext

Jesus war bereit, seinen Weg zu gehen. Seine Freunde und Jünger waren Zeugen der Festnahme. Jesus wurde nun abgeführt.

Eigentlich hätte seine Geschichte nun bald zu Ende sein können. Aber sie geht weiter. Es wird die Geschichte eines Mannes und seiner Gefährten, denen die dunklen Seiten menschlichen Lebens nicht erspart bleiben. Hier finden wir viele ungelöste Fragen und Herausforderungen menschlichen Leidens wieder.

»Austherapiert – weitere Behandlungen haben keinen Sinn mehr.« »Wir können leider nichts mehr für Sie tun.«

Als die Häscher der Mächtigen kommen und sein Leben angreifen, erfährt Jesus, was es heißt, ohnmächtig und ausgeliefert zu sein. Er kann nicht entkommen, er hat keine Chance. Sich befreien, sich gegen die Macht der Krankheit zur Wehr setzen – das ist meist der Gedanke, der Schwerkranke und ihre hilflos zuschauenden Angehörigen erfasst. »Wenn ich doch nur irgendetwas tun könnte«, ruft der Mann, der am Bett seiner Ehefrau sitzt. »Wir kämpfen – wenn es sein muss bis zum

Schluss.« Das ist menschlich. Der Jünger von Jesus handelt genauso. Er versucht, der Ohnmacht durch Aktivität zu entkommen. Irgendetwas wird man doch noch tun können, um dem drohenden Zugriff der Macht des Todes zu entgehen! Wir können doch nicht untätig zusehen! Das ist bis heute so. Als moderne Menschen sind wir es gewohnt, für sämtliche Probleme eine Lösung zu finden. Aber hier stoßen wir schmerzhaft an eine Grenze. Sich dies einzugestehen, tut weh. Dies auszuhalten erfordert fast übermenschliche Kraft.

Aber es gibt den Zeitpunkt, an dem es heilsam für unsere Seele ist, sich dem, was nun unweigerlich kommen wird, zu überlassen.

Ich muss zulassen, dass mein Leben zerstört wird.

»Jetzt haben die dunklen Mächte Gewalt über mich«, sagt Jesus. In der Tat scheinen nun alles Unrecht, aller Schmerz und letztlich der Tod ihren Triumph zu feiern.

Jesus und seine Jünger durchleben diese Ohnmacht.

Sie machen eine Erfahrung, von der auch heute noch viele Sterbende sprechen. Das Grauen des Todes wird als eine überirdische Macht erkannt, die das Leben nicht nur zerstört, sondern in eine ewige Trennung von seinem Ursprung bringen will. Es ist die Ahnung der möglichen Gottesferne, die den Menschen wie ein dunkles Grauen überkommen kann. Jesus überwindet dieses Grauen durch die Gewissheit der Liebe Gottes. Er wird ihn nicht dem Tod preisgeben, sondern ihn erretten. Diese Hoffnung trägt.

Gedanken zum miteinander Nachdenken

In der Ohnmacht den Weg zu mir und zum anderen finden

Es gibt kaum etwas, das schwieriger zu ertragen ist, als die eigene Ohnmacht und Hilflosigkeit.

»Ich kann nichts mehr tun.« Vor diesem Satz fürchten sich vor allem die Angehörigen. Nach längerer Bewältigung der Krankheitszeit fällt es schwer, alles Tun aus der Hand zu geben. Viele empfinden dies als Selbstaufgabe und Eingeständnis von Schwäche. Petrus kommt uns hier sehr nahe. Denn oft definieren wir den Wert unserer Hilfe an dem, was wir tun. Angehörige formulieren es auf ihre Situation bezogen oft so: Ich kann dem liebsten Menschen nicht mehr hilfreich sein, wozu nütze ich noch? Ich habe versagt!

Der Weg der Sterbebegleitung lehrt uns, dass es immer wieder Zeiten gibt, in denen wir unsere Ohnmacht besonders spüren. Diese Momente durchziehen den gesamten Sterbeprozess. Immer wieder werden wir merken, dass unser Handeln nur begrenzt hilfreich sein kann, und wir beginnen auch zu ahnen, dass wir durch unser Tun den Tod nicht verhindern werden.

Was bleibt, ist die Nähe zueinander, die Verlässlichkeit und Treue, mit der man füreinander da sein kann.

Wenn das äußere Tun seine Wichtigkeit verliert, dann wird der Weg frei für die Liebe, die nichts tut, sondern einfach um des anderen willen da ist.

Diese Zeiten der ungeteilten Aufmerksamkeit und Achtsamkeit wurden schon oft zu Bausteinen der Liebe und Versöhnung mit der eigenen Lebensgeschichte.

Dieses Band der Liebe zu knüpfen, ist wohl eine der wichtigsten Taten, die man am Ende des Lebens vollbringen kann.

Einander annehmen – mit all den biografischen Eckdaten, die die gemeinsame Lebensgeschichte beinhaltet.

Sich versöhnen – mit der eigenen und der gemeinsamen Vergangenheit, die nun nicht mehr anders weitergeschrieben werden kann.

Akzeptieren – dass nun alles so ist, wie es ist.

Der Wut einen Raum geben

Ein großes Tabuthema sind die Gefühle des Zorns und der Wut in der Sterbebegleitung. Vielleicht meinen manche, dass in einer Lebenssituation, die so elementar vom Ewigen bestimmt ist, irdische Gefühle ihren Platz verlieren müssten. Aber dies wäre unmenschlich gedacht.

»Seit Monaten bin ich nur noch für meine Mutter da«, erzählte eine pflegende Angehörige. »Als die Ärzte sagten, dass sie vielleicht noch ein halbes Jahr zu leben hätte, da war mir klar, dass ich sie pflegen wollte – bis zuletzt. So zog meine Mutter zu mir. Ich richtete ihr ein eigenes Krankenzimmer ein, wir holten ihren Lieblingssessel, den Fernseher, sogar einige ihrer Bilder, die sie besonders mochte. Sie sollte es schön bei mir haben. Natürlich musste ich mich nun einschränken. Ich reduzierte meine Arbeitswochenstunden und verzichtete auch auf Teile meines Privatlebens. Mutters Dankbarkeit und ihre Freundlichkeit taten mir gut – dafür nahm ich vieles in Kauf.

Anfangs ging alles ganz gut. Sie fühlte sich wohl, freute sich, dass sie gut umsorgt wurde und wusste es durchaus zu schätzen, was ich für sie tat. Oft gingen wir spazieren oder verbrachten einen Nachmittag im Café.

Nach einem halben Jahr verschlechterte sich ihr Zustand binnen drei Wochen. Mutter wurde bettlägerig, sie musste gefüttert und gepflegt werden.

Zu dieser Zeit fingen auch unsere Schwierigkeiten an. Eines morgens hatte ich den Wecker überhört. Als ich noch im Nachthemd zu meiner Mutter eilte, empfing sie mich bereits mit düsterer Miene: ›Du kommst wohl gar nicht aus dem Bett. Ich warte schon eine halbe Stunde auf dich. So hätte ich mich nie benommen.‹ Wie ungerecht Mutter doch sein konnte! Schon mehrere Nächte lang hatte ich ihretwegen nicht mehr durchgeschlafen. Ich schluckte die Kritik herunter. Es war ja nicht das erste Mal, dass ich Mutters Nörgeln ertrug. Aber konnte ich jetzt mit ihr einen Streit anfangen? Mutter würde ja nicht mehr lange leben.

Die Pflege begann an meinen Kräften zu zehren. Das aber wollte ich weder mir und schon gar nicht gegenüber Mutter eingestehen. Ich wollte die starke, tüchtige Tochter sein und mir nur keine Blöße geben. Im Rückblick denke ich, dass ich oft mürrisch und gereizt war.

So wurde unsere Beziehung immer gespannter. Ich hatte das Gefühl, ihr nichts mehr recht zu machen und eine schlechte Tochter zu sein.

Irgendwann schrie ich sie an: ›Dann geh doch ins Pflegeheim!‹, und sie schrie zurück: ›Lieber heute als morgen!‹ An diesem Tag haben wir nichts mehr miteinander gesprochen, nur die Türen wurden geschlagen – von mir, denn sie konnte ja nicht mehr aufstehen.

Wir sprachen mehrere Tagen nicht mehr miteinander.

Jede von uns fühlte sich im Recht.

Ich traf mich dann mit meiner Freundin. ›Bestimmt ist die Pflege schwer für dich, aber es muss doch schön sein, so füreinander da sein zu können!‹ Da weinte ich los.

Denn da waren sie wieder – die hohen Idealvorstellungen und die übergroßen Erwartungen, die so ganz anders waren als meine Realität. Von außen gesehen entsprach ich ganz dem Bild, das sich andere von einer pflegenden Tochter machten – aber im Inneren stauten sich Wut und Rebellion gegenüber meiner selbst gewählten Rolle, die ich ja von Herzen erfüllen wollte.

Wenn ich heute zurückschaue, dann wird mir bewusst, was mit uns los war.

Ich war ausgepowert durch die Pflege. Mein emotionaler Tank war leer.

Meine Freundin, die ich ins Vertrauen gezogen hatte, half uns. Sie sprach mit meiner Mutter – was genau, das weiß ich bis heute nicht. Auch mir öffnete sie die Augen – nicht nur für meine eigenen Gefühle, sondern vor allem dafür, wie es meiner Mutter ging.

So veränderte sich mein Blickwinkel und ich bekam mehr Verständnis für sie – aber auch für mich.

Mutter war bis zu ihrer Krankheit eine sehr dominante und selbstständige Frau gewesen, nun aber konnte sie nichts mehr eigenständig tun. Diese totale Abhängigkeit machte ihr mehr zu schaffen als es mir bewusst gewesen wäre. Hinzu kam, dass zwischen uns ein spürbarer, aber unausgesprochener Mutter-Tochter-Konflikt schwelte. Bisher hatten wir uns nur wenige Male im Jahr gesehen und hin und wieder miteinander telefoniert. Nun aber waren wir 24 Stunden pro Tag zusammen. Vieles, was zwischen uns ungeklärt war, kam nun an die Oberfläche. Das war für uns beide schwer. Ich entsprach bis heute nicht ihrem Bild einer tüchtigen Tochter. Über vieles auf meinem Lebensweg war sie schockiert. Meine Berufswahl, die Art, wie ich meine Kinder erzogen hatte, die Scheidung. Nun aber lebte sie in meinem Haushalt und war Teil meines – nach ihren Maßstäben – misslungenen Lebens.

Ich hingegen war ausgehungert nach Anerkennung. Jetzt müsste sie mich doch lieben! Besser als ich könnte sie niemand versorgen! Aber die von mir in überhöhtem Maße eingeforderte Anerkennung blieb aus, stattdessen spürte ich meine Grenzen. So stauten sich Wut und Enttäuschung an.

Wir hatten versucht, einander eine ›heile Pflegewelt‹ vorzuspielen, nun waren wir daran gescheitert.

›Ich habe dich lieb, aber so kann ich nicht mehr weiter.‹ Ähnliche Worte waren es, die uns weinend einander in die Arme sinken ließen.

Mutter und ich haben uns sehr ehrlich ausgesprochen.

Wir haben uns wirklich versöhnt. Über alles geredet haben wir nicht – das war auch nicht nötig. Aber wir haben ein Stück weit gelernt, uns so stehen zu lassen, wie wir sind.

Die letzten Wochen waren sehr innig und schön. Wir spielten uns nichts mehr vor. Eine Pflegesituation ist nicht nur schön. Jetzt aber versuchten wir, das Beste daraus zu machen. Meistens gelang das auch.

Ich brauchte ab und zu einen freien Nachmittag, um mein

Herz bei meiner Freundin auszuschütten und wieder Kraft zu tanken. Ich meldete mich im Fitnesscenter an und ging öfters dorthin, um mir meinen angestauten Frust abzuarbeiten. In dieser Zeit lösten mich dann meine Freundin oder zwei Damen der Hospizgruppe bei der Betreuung ab. Es war keinesfalls so, dass ich mich nur über Mutter geärgert hätte. Die Wut, die ich entladen wollte, war meist die über mich selbst.

Mutter fand eine ganz eigene Form, ihre Gefühle auszudrücken. Sie hatte schon immer gut zeichnen können. Obwohl sie schwach war, griff sie nun öfters zu einem Stift und zeichnete sich das von der Seele, was ihr gerade zu schaffen machte. Das war gewissermaßen ihr Ventil. Heute habe ich eine Mappe mit Bildern und Skizzen. Sie tragen Überschriften wie: Einsamkeit – meine Tränen – keiner versteht mich – ich will das nicht – ich mag dich – Hoffnung.

Das ist für mich ein besonderes Vermächtnis. In meinem Herzen habe ich noch ein Bild dazugemalt ›Liebe – trotz allem‹.«

Meditativer Spaziergang für Angehörige

Immer wieder erzählen Angehörige, wie gut es ihnen tut, zwischendurch einen Spaziergang zu machen. Da lohnt es sich tatsächlich, wenn man bis zum nächsten Wald oder See fährt, um sich dort für eine Stunde beim Gehen zu entspannen.

Eine besondere Form dieses Gehens ist der meditative Spaziergang. Gerade wenn die eigenen Gedanken so übermächtig sind, dass wirkliches Abschalten und Entspannen schwerfällt, ist der meditative Weg eine hilfreiche Form. Durch Gebete und Texte kann man wieder zur inneren Mitte finden.

Auf Seite 188 finden Sie diesen meditativen Spaziergang abgedruckt.

Kapitel 5

Schwäche und Angst

Gebet

O Gott, zu dir rufe ich:
In mir ist es finster,
aber bei dir ist Licht.
Ich bin einsam,
aber du verlässt mich nicht.
Ich bin kleinmütig,
aber bei dir ist die Hilfe.
Ich bin unruhig,
aber bei dir ist Frieden.
In mir ist Bitterkeit,
aber bei dir ist die Geduld.
Ich verstehe deine Wege nicht,
aber du weißt den Weg für mich.

DIETRICH BONHOEFFER[8]

Lukas 22,54–62 – die Bibel

»Da verhafteten sie ihn und brachten ihn zum Haus des Hohen
Priesters. Petrus folgte in großem Abstand. Als die Wächter im
Hof ein Feuer machten und sich ringsherum lagerten, setzte sich
Petrus zu ihnen. Eine Dienerin bemerkte ihn im Schein des Feuers
und beobachtete ihn. Schließlich sagte sie: ›Dieser Mann war auch
bei Jesus!‹ Petrus leugnete es. ›Frau‹, sagte er, ›ich kenne den Mann
überhaupt nicht!‹ Nach einer Weile schaute ein anderer ihn an und
meinte: ›Du musst auch einer von ihnen sein!‹ ›Nein, Mann, das
bin ich nicht!‹, erwiderte Petrus. Etwa eine Stunde später bekräf-
tigte ein anderer: ›Das muss einer der Jünger von Jesus sein, er ist
auch Galiläer.‹ Aber Petrus entgegnete: ›Ich weiß nicht, wovon du
redest.‹ Und sobald er das gesagt hatte, krähte ein Hahn. In diesem
Augenblick drehte der Herr sich um und sah Petrus an. Da erinnerte

dieser sich an die Worte des Herrn: ›Bevor morgen früh der Hahn kräht, wirst du mich drei Mal verleugnen.‹ Und Petrus ging hinaus und weinte bitterlich.«

Gedanken zum Bibeltext

Wenige Stunden zuvor hatte Petrus aus tiefster Überzeugung gesagt: »Herr, ich bin bereit, mit dir ins Gefängnis zu gehen und sogar mit dir zu sterben« (Lukas 22,33).

Viel, ja viel zu viel hatte er sich damals vorgenommen. Niemals wollte er seinen Herrn alleinlassen. Keine Macht dieser Welt, weder äußere Umstände noch der Tod, sollten ihn davon abbringen können, dem, den er liebte, nahe zu sein und ihm zu helfen.

Jesus würde nicht alleine leiden müssen! Als Freund bliebe er an seiner Seite und trüge mit ihm das schwere Schicksal. Ja, er war bereit!

Petrus hatte das aufrichtig gemeint. Es war ihm wirklich ernst damit.

Vermutlich hat es ihm sehr weh getan, als Jesus ihm auf den Kopf zusagte, dass er das nicht durchhalten würde (Lukas 22,34).

Hatte er sich zu viel vorgenommen? War er ein Mensch, der in der Stunde der Not einfach nur versagte?

Jesus dreht sich zu ihm um und schaut ihn an!

Er schaut diesen Petrus an, den er später nach seiner Auferstehung fragen wird: Liebst du mich? Und zu dem er dann sagen wird: »Folge mir nach« (Johannes 21,15.19).

Jesus verachtet ihn nicht wegen seiner Schwachheit. Er weiß, was es heißt, angesichts des Todes Angst zu haben, angesichts des Todes an seine Grenzen zu geraten und weit hinter dem zurückzubleiben, was man sich vorgenommen hatte. Der Macht des Todes zu begegnen, kann über die menschlichen Kräfte gehen.

Das muss Petrus schmerzlich erfahren.

Er ist nicht dort, wo er eigentlich hätte sein wollen, an der Seite von Jesus, mutig, als einer, der nicht zurückschreckt, wenn schwere Zeiten kommen. Stattdessen überkommt ihn Furcht, er weicht aus und versteckt sich auf dem Hof.

Diese Reaktion hat verschiedene Gründe. Aber sein Ausweichen hat eben auch mit der Angst vor dem Leiden und vor dem Tod zu tun. Er will nicht in die Leidensgeschichte des anderen hineingezogen werden. Dies ist es, was ihn letztlich dazu treibt, den, den er liebt, alleine zu lassen, ihm auszuweichen, ihn nicht mehr als seinen Freund zu kennen.

Es ist die Scheu vor dem Tod, die zu unserem Menschsein dazugehört.

Vor allem Verwandte und Freunde, die während einer schweren Krankheitszeit und dem anschließenden Weg des Sterbens nur hin und wieder zu Besuch kommen, können in sich dieses heimliche Ausweichen vor intensiveren Begegnungen entdecken. Da wird ein Besuch, der längst geplant war, im letzten Moment noch aus unerfindlichen Gründen verschoben. Oder man hat nur kurz Zeit, um am Krankenbett zu sitzen. Manch einer ertappt sich dabei, dass er in der ohnehin kurzen Zeit, die er mit dem Schwerkranken verbrachte, nicht zuhören wollte, sondern versuchte, über alles Mögliche zu reden. Hauptsache, es wurde irgendetwas gesagt, damit nur keine Gesprächspausen aufkamen, in denen dann die Gefühle der Hilflosigkeit, Trauer und Angst ihren Platz gefunden hätten.

Wie oft passiert es, dass Schwerkranke vergeblich auf Besuch warten oder die Erfahrung machen, dass gute Bekannte den Kontakt zu ihnen meiden.

Die Geschichte der Verleugnung des Petrus zeigt uns etwas von dem, was wir selbst auch erleben können: Menschen weichen einem Todkranken aus. Vielleicht sind es aber nicht nur »die anderen«, vielleicht entdecken wir uns auch selbst ein Stück weit in diesem Verhaltensmuster wieder. Das Zurückweichen, das Ausweichen, das Auf-Abstand-Gehen – es sind nicht einfach nur Reaktionen der Lieblosigkeit, sondern Signale dafür, dass wir selbst ein Problem mit der Endgültigkeit unseres Lebens haben.

Gedanken zum miteinander Nachdenken

Ein Besuch, der mir besonders viel bedeutete

Die lange Krankheitszeit war schwer zu ertragen. Monatelang war er bereits ausgeschlossen vom normalen Leben, fixiert auf den Tag, an dem die großen Einschränkungen vorüber und vielleicht wieder ein beschwerdefreies Leben möglich sein würde. Aber im Hintergrund schlummert sie, die Angst davor, dass diese Hoffnungen sich als trügerisch erwiesen. Tage zwischen Bangen und Hoffen. Tage, die zermürben und die Gedanken im immer selben Kreislauf gefangen hielten.

Die Therapien hatten aus dem stattlichen Mann einen hinfälligen Kranken gemacht. Dünn war er geworden und schwach. Die Nebenwirkungen der Medikamente waren dafür verantwortlich, dass er sich nur wenige Stunden am Tag konzentrieren konnte, manchmal schweiften seine Gedanken ab und er war nicht imstande, einen Gesprächsfaden wieder aufzugreifen.

Viele seiner Freunde ließen ihm Grüße ausrichten, manche schickten Blumen oder ein gutes Buch. Viele ließen sich ihre Geschenke etwas kosten. Er war noch jung, ein Mann in den Dreißigern, erfolgreich, angesehen im Beruf, sportlich und lebensfroh – bis zu dem Tag, an dem seine Krankheit ausbrach.

Einige seiner Freunde und Kollegen aber vermieden die Besuche. Es war einfach zu traurig mit anzusehen, wie dieser Mann litt. »Was soll ich ihm nur sagen?«, so dachte manch einer und ging nicht hin.

Später, als er wieder gesund war, sprach er offen über seine Gefühle während der Krankheitszeit.

Die Einsamkeit war es, die ihn fast zermürbt hätte. Tagelang hätte er manchmal vergeblich auf Besuche gewartet. Das Alleinsein mit seinen trüben Gedanken und der immer wiederkehrenden Angst sei furchtbar gewesen. »Wenn nur öfter jemand bei mir gewesen wäre«, sagte er, »dann hätte ich es besser ertragen.«

Dann erzählte er von dem Besuch, der ihm noch heute viel bedeutet. Es war der Besuch eines Kollegen. »Er kam, setzte sich und schaute mich an. Er fing nicht gleich an zu reden, sondern nahm mich wahr, wie ich zusammengesunken vor ihm saß, damit beschäftigt, meinen Teller Brei mühsam zu essen. Er sah mich an und begann zu weinen. Ihm war das peinlich. ›Ich bin doch gekommen, um dich zu trösten. Jetzt sitze ich hier und verliere vollkommen die Kontrolle über mich. Bitte entschuldige.‹ Ich war selbst überrascht. Aber ich spürte: Da leidet ein anderer mit mir. Da ist einer ehrlich und spielt mir keine Stärke vor. Er sagte, dass er den Besuch lange hinausgeschoben habe, weil er befürchtete, seine Gefühle nicht beherrschen zu können. Schließlich habe er sich dann doch auf den Weg gemacht. Er hätte mich einfach besuchen und mir sagen wollen, dass ich nicht vergessen sei.

Seine Tränen brachte er nicht unter Kontrolle.

Mich hat dieser Besuch sehr berührt. Ich war es ihm wert, dass er das Risiko auf sich nahm, vor mir zu sitzen und zu weinen.

Ich war es ihm wert, dass er mich trotzdem besuchte und bei mir blieb. Ich war ihm wichtig. Das tat mir unsagbar gut.

Seit damals verbindet uns eine tiefe Freundschaft.«

»...Sterbebegleitung erfordert ein hohes Maß an eigener Auseinandersetzung mit dem Tod und dem Sterbenden, denn häufig hat das Erleben des Todes und des Sterbens zur Folge, dass eigene Ängste und Schuldgefühle beim Pflegenden geweckt werden, die einen objektiven Umgang mit dem Sterbenden verhindern oder behindern.«[9]

Gebet

Herr, lehre mich bedenken,
dass ich sterben muss,
auf dass ich klug werde!
Herr, gib mir Ruhe und Stille,
damit ich mit meiner
Angst vor dem Sterben umgehen lerne.
Gib mir den Mut,
meine Gefühle zuzulassen.
Schaue mich an
mit dem Blick deiner Liebe
und lass mich dein Erbarmen spüren.
Herr, der du die Macht des Todes
überwunden hast,

lass mich deine Herrlichkeit ahnen,
die du deinen Kindern bereitet hast.
Amen.

Kapitel 6

Die Ohnmacht des letzten Weges

Ein Mensch mit Würde

Klein und hilflos –
so sind doch nur Kinder.

Hilfsbedürftig und schwach –
so sind doch nur Kinder.

Unmündig und zu beaufsichtigen –
so sind doch nur Kinder.

Verschmutzt und unordentlich –
so sind doch nur Kinder.

Nein –
ich sage es laut:

Ich darf so sein.
Hilflos und schwach.

Ich darf so sein.
Unselbstständig und verwirrt.

Ja – darf ich zu mir sagen,
weil einer mir meine Würde gibt,
der mich liebt,
der mir das Leben gab
und in Ewigkeit gibt.

Lukas 23,26 – die Bibel

»Als sie Jesus abführten, kam Simon aus Kyrene gerade vom Feld zurück. Sie zwangen ihn, hinter Jesus herzugehen und ihm sein Kreuz zu tragen.«

Gedanken zum Bibeltext

»Als sie Jesus abführten« - nun bestimmen andere. Jesus ist nicht mehr Herr über das, was mit ihm geschieht. Andere sind es nun, die Entscheidungen über ihn treffen.

Jesus, der Sohn Gottes, der Unschuldige, der Sohn des Herrschers über Himmel und Erde - er lässt sie gewähren. Gott gibt seine Macht aus der Hand, um in tiefster Ohnmacht die ganze Realität menschlicher, abgrundtiefer Verlorenheit zu ertragen. Er schultert in seinem Kreuz auch die Ohnmacht und das Ausgeliefertsein des menschlichen Lebens.

Schwere Lebenswege sind nur dann zu ertragen, wenn wir am Ende des Weges auf Licht hoffen können. Aber Jesus? Er hatte es seinen Jüngern zwar gesagt: Der Menschensohn wird viel leiden, sterben und nach drei Tagen wieder auferstehen. Aber er war der Erste, der diesen Weg zu gehen hatte!

Auch er hatte es vorher nicht ausprobieren können.

Er sah seine Hinrichtung vor sich. Unerbittlich und unausweichlich stand ihm der Tod vor Augen.

Er erkannte diesen als Feind des Lebens, als Feind Gottes!

»Du bist mein lieber Sohn!«, mit diesen Worten Gottes im Herzen ging Jesus seinen Weg zur Hinrichtung.

Er ging dem Tod entgegen, der über jedes Leben am Ende zu triumphieren glaubt.

Er ging mit der Schuld aller Menschen beladen zum Kreuz.

Er ging – in der Hoffnung, dass Gott, der Vater, bei ihm sein werde.

Er ging und erlebte die Macht und Größe Gottes.

Auch wir gehen – beladen mit Schuld.

Auch wir gehen in der Hoffnung, dass Gott bei uns sein werde.

Aber wir gehen: im Licht der Auferstehung Jesu!

Gedanken zum miteinander Nachdenken

Die Ohnmacht

Vor der Hilflosigkeit haben wir modernen Menschen sehr viel Angst. Nicht immer ist damit die Angst gemeint, irgendwann einmal ohne Hilfe dazustehen. Vielmehr fürchten sich die meisten Menschen davor, sich selbst nicht mehr helfen zu können und auf die Hilfe anderer angewiesen zu sein. Sie fürchten die Abhängigkeit, die ihnen ihre Selbstbestimmung nehmen könnte. Weit verbreitet ist doch das Lebensgefühl: Ich bin ein vollwertiger Mensch, weil ich selbst bestimme und selbst handle. Das eigene Leben in der Hand zu haben – das ist für viele gleichbedeutend mit der Würde ihres Menschseins.

So ist die Angst vor der Hilflosigkeit letztendlich die Angst vor der Aufgabe der eigenen Identität.

Gerade Menschen, die sehr dominant waren und ihr Leben selbstbestimmt leben konnten, verkraften es schwer, nur noch im Bett zu liegen. Sie fühlen sich oft nutzlos. Manche sprechen es sogar ganz unverblümt aus: »Ich bin doch zu nichts mehr zu gebrauchen.« Das heißt dann meist mit anderen Worten: Ich bin doch nichts mehr wert.

Der Weg des Sterbens (und auch der Weg der Sterbebegleitung) führt uns an diese elementaren Fragen unseres eigenen Lebens. Wer bin ich – jenseits meiner Leistungen und meines Ansehens? Wer bin ich, wenn ich nichts mehr tun kann? Ist mein Leben noch wertvoll, wenn ich meine Selbstbestimmung verloren habe?

Dies betrifft die Frage nach dem Sinn und Wert des Lebens. Darauf gibt es keine schnelle und einfache Antwort. Wir werden immer wieder und immer wieder neu um sie ringen müssen. Das ist eine der geheimnisvollsten und herausforderndsten Aufgaben auf dem Weg des Sterbens.

Menschen, die diese Ohnmacht zulassen, erleben häufig, dass gerade inmitten ihrer Krise ihre Unruhe verstummte.

Manch ein schwer kranker Mensch findet auf seinem letzten Lebensweg in der Leidensgeschichte von Jesus eine Antwort auf seine persönlichen Fragen. Im Leiden von Jesus erschließt sich die Wahrheit über menschliches Leben: Ich gerate an die Grenzen meiner Existenz. Ich spüre die Gefährdung meines Seins. Ich kann eine Beziehung zu Gott finden. Das Vertrauen zu Gott trägt. Mein Leben wird weitergehen.

Für den Sterbenden bedeutet dies, dass er Kraft und Vertrauen für seinen letzten Weg schöpft.

Für diejenigen, die ihn begleiten, erschließt sich hier eine Quelle des Trostes auf ihrem Weg, der sie zurück ins Leben führt.

Mut, rechtzeitig die praktischen Fragen zu besprechen

»Ich habe alles mit meinem Mann und den Kindern besprochen. Sie können dann so entscheiden, wie es in meinem Sinne ist. Sie wissen, wie ich alles haben möchte.« Die alte Dame wirkte ausgeglichen und fast sogar fröhlich, als sie dies der pflegenden Schwester im Krankenhaus sagte. Sie wusste, dass ihre Krankheit schneller als erwartet fortschreiten würde. Der Arzt hatte mit ihr den möglichen Verlauf durchgesprochen. Sie würde ein Pflegefall werden. Sollten bei der bevorstehenden Operation Komplikationen auftreten, dann müsste sie auch damit rechnen, nicht mehr zuverlässig im Besitz ihrer geistigen Kräfte zu sein. Sie ging erstaunlich offen und gut mit der bevorstehenden Hilflosigkeit um. Immer wieder hatte sie das Gespräch mit ihrem Mann und später dann auch mit den Kindern gesucht. Sie sprach über ihre Ängste, sie redete offen darüber, wie man mit ihr umgehen sollte, wenn sie nicht mehr bei vollem Bewusstsein wäre. »Das war für uns oft sehr schwer«, sagte der Ehemann, »denn manchmal wollten wir gar nicht wahrhaben, was mit ihr passieren könnte. Da war es oft lästig, wenn sie wieder davon anfing. Aber andererseits waren wir ja auch froh, denn wir wollen ja auch alles in ihrem Sinne machen.«

Wer hätte gedacht, dass sie auf keinen Fall ein Lätzchen aus Frottee umgebunden haben wollte, sondern immer eine richtige Serviette? »Zieht mir bitte kein weißes Nachthemd an – ich bin doch noch nicht tot!« Auf solche Wünsche kann man nur Rücksicht nehmen, wenn man sie kennt. Manch ein Gespräch drehte sich auch um ernstere Dinge Was sollte geschehen, wenn sie nur noch künstlich ernährt werden könnte? Solch schwerwiegende Fragen lassen sich nicht schnell lösen. Da war es sehr hilfreich, dass der Hausarzt kam und man gemeinsam mit ihm ein offenes Gespräch hatte, in dem dann auch eine Patientenverfügung formuliert wurde.

Dieser älteren Dame half es, auf diese Weise mit dem drohenden Verlust ihrer Selbstbestimmung umzugehen. Sie wusste sich aufgehoben in der Fürsorge anderer, die um sie und ihre Wünsche gut Bescheid wussten.

Anregungen für jüngere schwer kranke und sterbende Menschen

Meist kann man sich auf die Krankheitszeit und die Zeit des Sterbens bei betagten Menschen rechtzeitig einstellen. Bei jüngeren Menschen trifft es die Familien oft unvorbereitet. Obwohl jeder Mensch weiß, wie schnell ein Unfall oder eine Krankheitsdiagnose das Leben aus den gewohnten Bahnen werfen kann, verschiebt man doch gerne die nötigen Weichenstellungen für den »Ernstfall«.

»Wie gut, dass wir ein Testament hatten«, sagte die junge Witwe. So war es ihr möglich, als allein Erbberechtigte das Haus zu verkaufen und mit den Kindern zu ihren Eltern zu ziehen. »Ich bin so froh, dass unser Sohn bereits in jungen Jahren eine Patientenverfügung hatte. So konnten wir mit den Ärzten reden und in seinem Sinne entscheiden«, sagte der Vater eines jungen Mannes, der mit dem Motorrad verunglückt war.

Für jüngere Menschen kann es schwierig sein, die Zeit des Sterbens zu Hause zu verbringen. Dies geschieht vor allem dann, wenn sie Familienväter oder –mütter sind. Oft durchleben sie Monate des Leidens, die zur Überlastung für alle Beteiligten führen. Die Kinder müssen zur Schule gehen, wollen Freunde einladen, es herrscht lebendiges Treiben im Haus. Zum einen kann der Sterbende hier die nötige Ruhe vermissen, die er für sich braucht. Zum anderen könnte den Kindern der nötige Rückzugsraum genommen werden, den sie wiederum brauchen, um für kurze Zeit das Leid vergessen zu können. Das ist vor allem dann der Fall, wenn das Pflegebett im Wohnzimmer stehen muss. Viele Familien machten in dieser Situation sehr gute Erfahrungen mit stationären Hospizen. Auf Wunsch können Angehörige in den meisten Einrichtungen Gastzimmer bewohnen. Kindern wird somit der Wechsel zwischen Nähe zum Sterbenden einerseits und der Lebensnormalität, die sie dringend brauchen, ermöglicht. Ebenso ist es Ehepartnern möglich, auch einmal einige Tage ohne Kinder beieinander zu sein.

Wenn die Betroffenen ehrlich über ihre Bedürfnisse und Wünsche sprechen, können gewiss individuelle Lösungen für die betroffenen Familien gefunden werden, die allen helfen, die schwere Zeit in guter Weise zu bestehen. Ärzte, Pflegedienste und Hospize sind gerne bereit, bei diesem Prozess beratend mitzuwirken.

Anregungen zu dem, was man im Voraus besprechen kann

- ❧ Patientenverfügung (gemeinsam mit dem Hausarzt besprechen).
- ❧ Notarielle Vollmachten und Vollmachten bei Banken etc.
- ❧ Testamentarische Verfügungen.
- ❧ Pflegedienste in der näheren Umgebung.
- ❧ Evtl. Kontaktaufnahme zu einer Ambulanten Hospizgruppe.
- ❧ Käme als Sterbeort ein stationäres Hospiz infrage?
- ❧ Welche Wünsche gibt es für die Beerdigung?

Pflegende Angehörige müssen auf ihre Bedürfnisse achten

Die Gefühle von pflegenden Angehörigen fahren oftmals Achterbahn. Das ist durch die hohe emotionale und körperliche Belastung ganz normal und verständlich. So gibt es Tage, an denen man sich freut, wenn eine Nachbarin vorbeikommt. Da tut es gut, sich zusammen in die Küche zu setzen, einen Kaffee zu trinken und miteinander zu reden. Es gibt aber auch Tage, an denen man ganz andere Bedürfnisse hat. Jeder Fremde stört dann.

Am liebsten ist man dann alleine, allein mit seinen Gedanken, allein mit einem guten Buch. Ohne irgendeinen Impuls, der von außen kommt, möchte man den Tag ruhig verbringen und niemanden um sich herum haben.

Manche Familie braucht auch einen straff durchorganisierten Tagesablauf, um die Anforderungen der Pflege überhaupt bewältigen zu können. Spontane Besuche sind dort eher eine Belastung.

Manche Außenstehende reagieren darauf verständnislos. Trotzdem ist es wichtig, einen Weg zu finden, ohne ein schlechtes Gewissen zu haben, die eigenen Bedürfnisse zu benennen und sie umzusetzen.

»Ich habe allen, die meine Frau besuchen wollten, gesagt, dass wir uns darüber sehr freuen. Ich habe sie aber darum gebeten, es vorher mit mir abzusprechen. So habe ich dann einen Besuchsplan eingerichtet. Freunde und Nachbarn meldeten sich an. Es kam auch hin und wieder vor, dass wir uns die Freiheit nahmen, einen Gast kurzfristig auszuladen. Vor allem dann, wenn meine Frau schwach war oder wir beide einfach für uns sein wollten. Ich bin ganz offen damit umgegangen – die meisten haben es auch verstanden und gut gefunden, denn wer dann zu uns kam, wusste, dass er jetzt willkommen war.«

Segensbitte in Schwachheit

Gott sei bei dir
in Angst und Unsicherheit.

Er tröste dich
in Kummer und Sorge.

Er schenke dir,
was du dir selbst
nicht geben kannst:
Wachsendes Vertrauen
mitten in den Anfechtungen und
allem unverstandenen Leid
dieses Lebens.

Er begegne dir in deiner Hilflosigkeit
mit seiner Kraft.
Er erleuchte dein verzagtes Herz
mit der Hoffnung,
dass er auf dich wartet –
am Ufer der anderen Welt.

Kapitel 7

In der Schwäche gehalten sein

Jesus bricht unter dem Kreuz zusammen

Mein Gott, wo bist du?

Mein Gott,
ich schleudere dir mein »Warum« entgegen –
du thronst im Himmel,
während ich hier leide
auf der Erde.

Warum ich,
warum meine Familie?

Mein Gott,
ich schleudere dir meine Wut entgegen –
du thronst im Himmel,
während ich hier leide
auf der Erde.

Mein Leben ist zerstört,
fremd geworden ist mir alles,
was mich einst freute.

Mein Gott,
ich schleudere dir meine Hilflosigkeit entgegen –
du thronst im Himmel,
während ich dich brauche
hier auf der Erde.

Keiner kann mir helfen,
ich verliere mich selbst.

Mein Gott,
ich werfe mein ganzes Vertrauen auf dich.
Du bist in die Tiefen des Lebens heruntergekommen,
du bist Mensch geworden,
auch für mich.

Mein Gott,
ich zerbreche an meinem Leid.
Lass mich Hilfe spüren,
umschließe mein Leiden
mit dem Licht deiner Herrlichkeit.

Darum bist du auf die Erde gekommen –
auch für mich.
Amen.

Lukas 23,26 – die Bibel

»Als sie Jesus abführten, kam Simon aus Kyrene gerade vom Feld zurück. Sie zwangen ihn, hinter Jesus herzugehen und ihm sein Kreuz zu tragen.«

Gedanken zum Bibeltext

Simon – zufällig kam er vorbei, zufällig stand er da. Vermutlich hatte er vorher nichts mit diesem Jesus zu tun gehabt. Er war an diesem Tag seinem normalen Alltagsgeschäft nachgegangen. Möglicherweise hatte er weder Lust noch Zeit, sich mit dem turbulenten Geschehen um ihn herum abzugeben. Vielleicht wollte er sich nur durch die von Menschenmassen verstopften Gassen seinen Weg nach Hause bahnen.

Und dann kam für ihn alles anders, als er es gedacht hatte:

Simon wird in gewissem Sinne einbezogen in die Geschichte der Kreuzigung. Er wird Teil einer Geschichte, die zum Heil der

Menschheit führt. Er wurde gezwungen, das schwere Kreuz zu schleppen.

Hier leuchtet etwas von dem auf, was der Apostel Paulus in seinem Brief an die Gemeinde in Galatien schreibt: »Helft euch gegenseitig bei euren Schwierigkeiten und Problemen, so erfüllt ihr das Gesetz, das wir von Christus haben« (Galater 6,2).

Das heißt: Sei nicht gleichgültig gegenüber dem Nächsten, pack mit an, trage und ertrage!

Nicht immer suchen wir uns die Lebenssituationen aus, in denen wir zu »Lastträgern« werden.

Ent-lasten – Streiflichter

Tapfer war sie. Sie würde es schon alleine schaffen, sagte sie. Schon vier Jahre dauerte der Kampf gegen die schwere Krankheit. Sie war noch relativ jung und hoffte – auf viele weitere Lebensjahre.

Aber dann kam der Tag, der allen Zukunftsplänen ein Ende setzte – austherapiert. Wahrheit – Worte – eine Last, die niederdrückte. Eine Last, die allen Lebensmut raubte. Familie hatte sie nicht. Irgendwo weit weg waren vielleicht noch Verwandte – man kannte sich nicht mehr.

Hilflosigkeit – Angst – Alleinsein.

Ihre Freundin nahm sich unbezahlten Urlaub[10] und zog für die letzten Lebenswochen zu ihr. Sie teilte die Last mit ihr – die Last der Einsamkeit, die Last des Abschiednehmens, die Last des als viel zu früh empfundenen Todes. Die Last des Schmerzes.

Sie half, diese Last zu tragen, indem sie da war, zuhörte, litt, weinte, lachte, schwieg.

Mitten in der täglichen Hausarbeit kam der Anruf. Die ehrenamtliche Hospizmitarbeiterin wurde von ihrer Einsatzleiterin angefragt, ob sie für drei Stunden ins Pflegeheim kommen könne. Der ältere Herr, den sie dort seit einigen Monaten betreuten, läge im Sterben.

Jetzt wurde sie gebraucht.

Sie wusste aus der Erfahrung in der Hospizarbeit: Sterbende – auch wenn sie medizinisch und pflegerisch gut versorgt sind – haben weniger Angst und weniger Schmerzen, wenn sie sich geborgen und umsorgt wissen, wenn jemand ganz für sie da ist.

Diesen Dienst zu tun, war ihr wichtig geworden – es war eine Aufgabe der Mitmenschlichkeit, zu der sie sich nach dem Erwachsenwerden der Kinder entschlossen hatte. So nahm sie ihre Hospiztasche und ging ins Heim. Mehrere Stunden saß sie am Bett des älteren Herrn. Sein Lächeln, als sie sich von ihm verabschiedete, zeigte ihr, dass sie einem Menschen geholfen hatte, inmitten seiner Not Geborgenheit und Frieden zu erfahren. Sie hatten kaum ein Wort miteinander geredet, aber sie hatte ihm geholfen, seine Last des letzten Weges zu tragen.

Sie konnte nicht sterben. Eine junge Mutter, die mit dem Tod rang. Seit Tagen wechselte sich die Familie am Krankenbett ab. Die Ärzte und das Pflegepersonal waren genauso ratlos wie die Angehörigen. Wie konnte man ihr helfen, ihren Frieden zu finden? Irgendetwas schien sie daran zu hindern, aus diesem Leben gehen zu können.

Ihre Kinder waren noch klein, ihre Ehe glücklich, aber die schweren Unfallfolgen hatten sie seit Wochen ans Krankenbett gefesselt. Alle Hoffnungen, ihr Leben noch zu retten, waren durch plötzlich aufgetretene Komplikationen zunichte geworden.

Wie eine schwere Last schien die Verantwortung für die Kinder auf ihr zu liegen. Wie konnte sie aus dieser Welt gehen, ohne für sie vorgesorgt zu haben?

Ihr Mann ahnte, dass sie so fühlte.

»Du darfst gehen – ich bin bei unseren Kindern. Bitte sorge dich nicht – ich werde für sie da sein.« So versuchte er, ihr diese Last zu nehmen. Später hatte er den Eindruck, dass dies seiner Frau gutgetan hat – mit einem Lächeln habe sie reagiert und sei danach friedlicher gewesen. »Für mich war es unendlich schwer, ihr diesen Abschied zuzusprechen. Ich habe es fast nicht übers Herz gebracht, ihr diese Worte zu sagen. Aber nachher tat es mir gut, denn ich spürte, dass es ihr wohl manches leichter gemacht hat.«

Gott segne meine Kinder

Diesen Tag würde sie niemals vergessen. Nun gehörte sie auch zu den vielen zehntausend Frauen, denen jährlich in Deutschland die Diagnose Krebs gestellt wird. Sie war Mutter und ihre Kinder damals noch klein. Als sie geboren wurden, da war ihr klar: Ich werde für sie da sein – egal, was passiert. Ich werde meine Kinder behüten. Ich werde alles tun, damit sie eine schöne Kindheit haben und glücklich aufwachsen.

Jetzt, da sie krank war, stand sie abends oft an ihren Bettchen und schaute in die schlafenden, träumenden Gesichter. Wie lange würde sie noch für sie da sein können? Würde sie es noch erleben, wie ihre Kinder erwachsen werden? Könnte sie ihnen mit Rat und Tat den Weg ins Leben öffnen?

Wie machtlos war sie doch als Mutter.

Wie wenig lag wirklich in ihrer Hand.

Wie wenig würde aber auch dann in ihrer Hand liegen, wenn sie gesund wäre.

Sie erlebte die Grenzen ihrer umsorgenden Mütterlichkeit.

Und sie erlebte, was Glaube bedeutet: tiefes Vertrauen, Ruhe und Zuversicht, dass Gott im Himmel hier auf Erden ihre Not sieht und ihre Familie segnet.

Dein Weg

Ich gehe mit dir,
ich bin an deiner Seite.

Aber irgendwann
werde ich dir sagen müssen:

Du darfst weitergehen – allein.

Aus Liebe
werde ich es sagen,
damit du getrost dem entgegengehen kannst,
der dich ruft.

Kapitel 8

Abschiedsworte

Jesu Abschiedsworte

Hoffnung

Nicht mehr glauben
an unsere Unmöglichkeit,
sondern nur noch glauben
an seine Möglichkeit!
Nicht mehr sagen:
Ich kann doch nicht
beten, glauben, lieben,
sondern:
Mit dir und durch dich
kann ich es.
Darum aufstehen
und schlafen gehen,
leben und sterben
mit der Bitte:
Tu, was du versprochen hast!
Komm und hilf meiner Schwachheit auf.
Auf dein Versprechen
will ich heute neu anfangen
zu beten, zu glauben, zu lieben
und zu hoffen.

Helmut Gollwitzer[11]

Johannes 19,25–27 – die Bibel

»In der Nähe des Kreuzes standen die Mutter von Jesus und ihre
Schwester sowie Maria, die Frau von Klopas, und Maria Magdalena.
Als Jesus seine Mutter dort neben dem Jünger stehen sah, den er
lieb hatte, sagte er zu ihr: ›Frau, das ist jetzt dein Sohn.‹ Und zu dem
Jünger sagte er: ›Das ist nun deine Mutter.‹ Von da an nahm der
Jünger sie zu sich in sein Haus.«

Gedanken zum Bibeltext

Soldaten, Lärm, drei Gekreuzigte, die gaffende Menge, wildes Durcheinander, laute Stimmen.

Wieder einmal hatte eine Kreuzigung vor den Stadtmauern Jerusalems stattgefunden.

In der Nähe eines der Kreuze standen sie: vier Frauen und ein Mann.

Sie waren die einzigen, die in der Nähe des Gekreuzigten geblieben waren. Seine Mutter, sein Freund, seine Tante, eine Freundin. Sie harrten bei ihm aus. Entsetzt, gebeugt vom Schmerz, vielleicht am Ende ihrer seelischen Kraft.

Inmitten dieser bedrückenden Szenerie ereignet sich nun eine der schönsten Begegnungen in der Bibel. Worte wie Fürsorge, Liebe, Zuwendung und Trost werden hier Wirklichkeit und verändern Leben.

Der sterbende Jesus sieht das Leid der Maria. Es ist nicht nur der Abschiedsschmerz, der ihr ins Gesicht geschrieben steht. Jesus sieht tiefer, er sieht mit dem Herzen, er sieht, wie Maria über seinen bevorstehenden Tod leidet und trauert, danach aber in ein neues, eigenes Leben zurückkehren muss.

Das war damals nicht leicht für eine verwitwete Frau. Hier standen Existenzfragen auf dem Spiel: Wie soll es mit mir weitergehen? Wer wird für mich sorgen? Wer wird mich rechtlich schützen?

Jesus schafft ihr neuen Lebensraum: »Frau, das ist jetzt dein Sohn« und »Das ist nun deine Mutter«.

Gedanken zum miteinander Nachdenken

Fürsorge – ein Zeichen der Liebe

»Der Schmerz des Abschieds wohnt im ganzen Haus, durchfließt alles, was wir tun und denken«, so formulierte es ein Mann, der nach Jahren der Pflege wusste, dass die letzten gemeinsamen Tage mit seiner Frau angebrochen waren. Er konnte sich den Gefühlen des Abschieds ganz überlassen, da die Fragen, wie es nach dem Tod seiner Frau weitergehen könnte, geklärt waren.

Aber wie oft bedrücken ungelöste Zukunftsfragen die Zurückbleibenden.

Kann ich hier noch in unserem Häuschen wohnen bleiben, wenn meine Frau gestorben ist? Wer kümmert sich um mein Essen und den Haushalt? Werde ich in ein Heim umziehen müssen? Wie soll ich ohne meinen Mann die ganzen bürokratischen Dinge regeln? Wie komme ich finanziell zurecht?

Wie oft wird ein getrösteter Abschied durch Existenzängste behindert.

Es ist nicht leicht, inmitten der Trauer diese praktischen Fragen des Weiterlebens zu beantworten. Manch ein Mensch sträubt sich dagegen und will sich ein Leben ohne den geliebten Partner überhaupt nicht vorstellen.

Dennoch ist es wichtig, einfühlsam diese Dinge anzusprechen und die Weichen für ein gelingendes Weiterleben behutsam zu stellen.

Du bist frei

»Eine Szene unseres langsamen Abschiednehmens werde ich nie vergessen«, sagte der Mann. »Ich saß wie immer neben ihrem Bett. Wir haben sogar noch miteinander gelacht und uns schöne Erlebnisse aus den vergangenen Jahren erzählt. Da nahm meine Frau auf einmal ihren Trauring in die Hand. Sie hatte ihn bislang immer auf dem Nachttisch liegen, weil sie ihn wegen der vielen Infusionen nicht mehr tragen durfte. Sie legte den Ring liebevoll in meine Hand. ›Ich möchte ihn dir zurückgeben – ich habe ihn immer gerne getragen, aber ich möchte ihn dir in Liebe geben und dir sagen, dass du nach meinem Tod frei bist.‹ Sie hat mich dabei liebevoll lächelnd angesehen.«

Damals hatte ihn diese Szene völlig unvorbereitet getroffen und auch seltsam berührt. Erst Jahre später, als er wieder heiratete, sei es ihm bewusst geworden, wie gut es war, dass seine erste Frau dieses Thema angesprochen hatte. Er fühlte sich wirklich freigegeben für ein glückliches Leben mit einer neuen Partnerin.

Fürchte dich nicht

Gott – mitten hinein
in die Schatten unserer Angst
rufst du uns zu:
»Fürchtet euch nicht!«

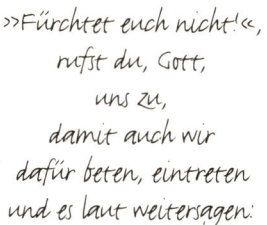

Und versprichst uns
Zuversicht
inmitten von Verzweiflung,
Aufbruch
inmitten von Resignation,
Mut
inmitten von Bedrängnis.

»Fürchtet euch nicht!«,
rufst du, Gott,
uns zu,
damit auch wir
dafür beten, eintreten
und es laut weitersagen:

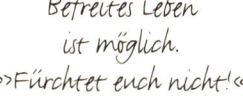

Die Angst hat nicht
das letzte Wort.
Befreites Leben
ist möglich.
»Fürchtet euch nicht!«

Kapitel 9

Der letzte Augenblick

Jesus stirbt

Jesus stirbt am Kreuz

Du stirbst tausend Tode.
Du fühlst dich von Gott
und allen Menschen verlassen.
Selbst deine Lebenskraft
lässt dich jetzt im Stich.
Eine unbeschreibliche Angst
überkommt dich.
Angst, größer als das höchste Ideal,
das du jemals hegtest.
Und endlich ergibst du dich.
An die Kraft und Mächte,
die größer sind als du.
Du gibst dich selbst aus den Händen.
Du hast nichts mehr zu verlieren.

Thur Borgers und Marlies Huveneers[12]

Lukas 23,44; Markus 15,33–34; Lukas 23,45–46; Johannes 19,29–30 – die Bibel

»Inzwischen war es Mittag geworden, und Dunkelheit legte sich über das ganze Land bis um drei Uhr nachmittags.«

»Gegen Mittag legte sich eine Finsternis über das ganze Land, die drei Stunden anhielt. Dann, um drei Uhr, rief Jesus mit lauter Stimme: ›Eli, Eli, lama asabtani?‹, das bedeutet: ›Mein Gott, mein Gott, warum hast du mich verlassen?‹«

»Die Sonne hatte sich verfinstert. Plötzlich zerriss der Vorhang im Tempel. Jesus rief: ›Vater, ich lege meinen Geist in deine Hände!‹«

»Sie tauchten einen Schwamm in ein Gefäß mit Weinessig und steckten ihn auf einen Ysopzweig, den sie an seine Lippen hielten. Als Jesus davon genommen hatte, sagte er: ›Es ist vollbracht!‹ Dann neigte er den Kopf und starb.«

Gedanken zum Bibeltext

Die letzten Stunden von Jesus werden von den Evangelisten unterschiedlich berichtet. Manch einer sieht darin einen Beweis dafür, dass alles in Wirklichkeit anders gewesen sei und wir es hier mit den Konstruktionen und dichterischen Freiheiten der Nachwelt zu tun hätten. Aber ist das wirklich so? Liegt nicht gerade darin die Glaubwürdigkeit der Bibel, dass die Berichte eben nicht aneinander angeglichen wurden? Ganz bewusst nahm man die Verdächtigungen in Kauf und blieb bei dem jeweils eigenen Bericht. Jeder der Evangelisten hat einen anderen Blickwinkel und will etwas anderes in den Vordergrund seiner Überlieferung setzen.

Wenn wir uns entscheiden, das so hinzunehmen, dann entfalten sich die Texte so, dass sie einander ergänzen.

Jesus erlebt sein Sterben nicht als das sanfte Hinübergleiten in eine andere Welt.

Er, der doch der Sohn Gottes ist und in engster Beziehung zu Gott, seinem Vater, lebt, bietet uns kein Beispiel für einen leichten, schönen Tod.

Nein – er erlebt auch in seinem Tod die schrecklichen und dunklen Seiten des Menschseins. Er erlebt sein Sterben, wie es millionenfach geschieht – in Angst, im Gefühl der Selbstaufgabe und dennoch im Vertrauen.

Er geht seinen letzten Weg in dieser Zwiespältigkeit.

Auch der schlimmste und schwerste Tod ist ihm, dem Heiland, nicht fremd. Er kommt uns nahe, wenn wir an unsere Grenzen stoßen. Jesus versteht uns, er kennt unsere Empfindungen.

Dunkelheit umgibt ihn – nicht nur innerlich, sondern auch äußerlich. Mitten am Tag, als die Sonne ihren Höchststand erreicht hat, beginnt die Finsternis. Sie hält an – während er leidet. Kein Licht scheint ihm zu leuchten. Drei Stunden lang Finsternis um ihn herum.

Die Dunkelheit – sie steht im Alten Testament auch für das Empfinden der Gottesferne, für die letzte Verlassenheit, in der ein Mensch nicht nur keine anderen Weggefährten um sich weiß, sondern auch Gott nicht mehr spürt.

Es ist die Angst, diese Beziehung, die einzige, die ein neues Leben ermöglicht, verloren zu haben.

»Mein Gott, mein Gott, warum hast du mich verlassen?« Diese Worte aus Psalm 22 brechen aus seinem Innersten hervor. Fromme Juden pflegten so zu beten, wenn sie keinen Ausweg mehr sahen, wenn der Tod ihnen unmittelbar bevorstand.

Diese Angst vor dem Tod trägt auch das Wissen um die eigene Unzulänglichkeit und Schuld. Es ist die Erkenntnis, dass kein Mensch vor Gott bestehen kann. All das ist gemeint, wenn hier von Dunkelheit die Rede ist.

Am Ende der Finsternis, am Höhepunkt des Leidens geschieht dann aber das Unfassbare: Der Vorhang im Tempel zerreißt. Dies ist ein äußeres Zeichen dafür, dass die Trennung zwischen Gott und Menschen aufgehoben wird. Der unmittelbare Blick auf Gott, der Zugang zu ihm, wird frei.

»Vater, ich lege meinen Geist in deine Hände!« Jetzt ist alles vollbracht.

Jesus weiß nun, wohin er geht. Der Himmel steht ihm offen. Er kann sein Leben voller Vertrauen in Gottes Hände legen.

Am Ende des Todeskampfes steht nicht das »Aus«. Am Ende berühren sich Erde und Himmel. Am Ende löst sich der Blick von mir und aller Last des Erdenlebens, und ich werde Gott schauen in seiner Herrlichkeit.

Der Tod ist nicht das Letzte, das es über Gott und Mensch zu sagen gibt. Und dennoch: Wir können nicht vom Licht des Lebens oder von der Auferstehung reden, ohne vorher vom Tod gesprochen zu haben. Wir können nicht in die Herrlichkeit Gottes eintauchen – ohne zuvor gestorben zu sein.

Der Tod, so heißt es beim Apostel Paulus, ist »der Sünde Sold«. Er ist die Konsequenz der grundsätzlichen Gottesferne von uns Menschen.

Sie kann überbrückt werden. Im Tod dieses Einen ist die Todverfallenheit der ganzen Menschheit zusammengefasst. Er stirbt den Tod, den alle verdient hätten – den Tod hinein in die Gottesferne. Aber er bleibt nicht im Tod – er wird sein Überwinder. Durch seine leibhaftige Auferstehung nahm er dem Tod seine Macht und Endgültigkeit.

Er tat dies nicht für sich allein – Gott ließ ihn durch den Tod hindurch in seine Herrlichkeit gehen, damit alle, die an ihn glauben, den gleichen Weg gehen können.

»Schaut doch, ich sehe den Himmel offen« (Apostelgeschichte 7,56) – so konnte Stephanus kurz vor seinem Tod sagen. Er hatte diesen gnädigen Gott in seinem Leben gefunden, er hatte zu ihm beten gelernt: Mein Vater im Himmel. Er war ein Kind Gottes. Nun hatte er im Tod diese verheißene Herrlichkeit vor Augen.

Weil Gott in tiefster Nacht erschienen

Weil Gott in tiefster Nacht erschienen,
kann unsre Nacht nicht traurig sein!
Der immer schon nahe war,
stellt sich als Mensch den Menschen dar.

Weil Gott in tiefster Nacht erschienen,
kann unsre Nacht nicht traurig sein!
Bist du der eignen Rätsel müd?
Es kommt, der alles kennt und sieht!

Weil Gott in tiefster Nacht erschienen,
kann unsre Nacht nicht traurig sein!
Er sieht dein Leben unverhüllt,
zeigt dir zugleich dein neues Bild.

Weil Gott in tiefster Nacht erschienen,
kann unsre Nacht nicht traurig sein!
Nimm an des Christus Freundlichkeit,
trag seinen Frieden in die Zeit!

Weil Gott in tiefster Nacht erschienen,
kann unsre Nacht nicht traurig sein!
Schreckt dich der Menschen Widerstand,
bleib ihnen dennoch zugewandt!

Dieter Trautwein[13]

Gedanken zum miteinander Nachdenken

Was wird danach sein

Seelsorger und Hospizmitarbeiter sprechen von einer über-
einstimmenden Erfahrung: Auf dem Sterbebett suchen fast
alle Menschen das Gespräch über Jenseitshoffnungen. Dies
sei umso erstaunlicher bei denen, die bisher kein religiöses
Interesse erkennen ließen. Viele von ihnen knüpfen nun an
Glaubensinhalte an, die ihnen aus der Kindheit vertraut sind.

Ich suche meinen Weg zu Gott im Gebet

Herr A. war ein erfolgreicher Unternehmer gewesen. Hochbetagt lebte er seit einigen Jahren mit seiner Frau im Pflegeheim. Während sie an fortschreitender schwerer Demenz
litt, erfreute er sich einer hohen geistigen Vitalität. Obwohl
er auf den Rollstuhl angewiesen war, nahm er gerne an den
Aktivitäten teil, die das Heim ihm bot: Diavorträge, Singen,
Spielenachmittag. Herr A. war immer dabei. Er war bekannt
als fröhlich, gesprächig und zugänglich – nur nicht für Religiöses. Zur Altenheimseelsorgerin hatte er nur deshalb einen
guten Draht, weil sie ganz bewusst darauf verzichtete, religi-
öse Themen anzusprechen. Anfangs hatte er sie gleich wieder
aus seinem Zimmer geschickt. Sie dürfe das nicht persönlich

nehmen – aber Kirche sei nicht sein Ding, sagte er. Sie lernte es also, ihn nicht als Frau im Auftrag der Kirche zu besuchen, sondern als Mitmensch. Seit Jahren pflegten sie nun ihre wöchentliche Besuchszeit. Eines Morgens war sie wieder im Heim unterwegs, als eine Pflegefachkraft dringend nach ihr suchte. »Auf Station 4 möchte ein Mann beten, es steht sehr schlecht um ihn. Wir wissen nicht, was wir da tun sollen. Kommen Sie bitte schnell.« Während sie über die Flure eilte, fragte sie sich, wer wohl dieser Mann sein könne. Dass es Herr A. war – darauf wäre sie nie gekommen. Sie beteten das Vaterunser. Herr A. hatte es sich ausdrücklich gewünscht. Sie saß neben ihm, betete laut und er bewegte seine schwachen Lippen. »Und vergib uns unsere Schuld, wie auch wir vergeben unseren Schuldigern...« – »Halt!« Er wollte eine Unterbrechung. Mit leiser Stimme sprach er über Dinge in seinem Leben, die ihn belasteten. »Ich kann das nicht mit hinübernehmen.« Er wusste, dass er sterben würde, aber so wollte er nicht gehen. »Sie können jetzt auch in der Stille alles vor Gott aussprechen, was Sie bedrückt und bewegt – er hört Sie«, sagte die Seelsorgerin. Es war eine lange und tränenreiche Stille. Sie sprach ihm die Vergebung zu. Der Himmel steht offen – für jeden, der die aufrichtige Beziehung zu Gott sucht. Dann beteten sie das Vaterunser zu Ende. Herr A. starb noch am gleichen Tag.

Gott sucht den Menschen

Sie war in einem religiösen Elternhaus aufgewachsen. Ihre Kindheit war überschattet vom frühen Tod des Vaters. Sie und ihre fünf Geschwister wuchsen in ärmlichen Verhältnissen auf. Sie heiratete früh, ihr Mann verdiente gut, aber dann nahm der Krieg ihren bescheidenen Wohlstand. Die Kriegsgefangenschaft riss die junge Familie auseinander, sie musste allein mit den Kindern nach Westdeutschland fliehen. Nach Jahren kehrte ihr Mann zurück. Nun arbeiteten sie hart, um sich eine bescheidene Existenz aufzubauen. Die Ehe scheiterte.

Inzwischen war sie alt geworden und blickte auf ein Leben zurück, das – wie sie sagte – ihr nichts geschenkt habe. Vielleicht lag es an ihrer Lebensgeschichte – sie hielt nichts von Religion. Man lebt und nach diesem Leben kommt nichts, dann ist alles einfach vorbei. So lautete ihre Einstellung. Sie wurde schwer krank. Die Ärzte sagten, dass ihr vielleicht noch einige Monate Lebenszeit bleiben würden.

Sie saß an ihrem Küchentisch. Eine Freundin war zu Besuch gekommen. Sie sprachen über viele gemeinsame Lebenserinnerungen und über die Angst vor dem Tod. Da erzählte die alte Dame: »Ich hatte einen Traum. Ich sah vor mir meine alte Kinderbibel und hinter mir stand Gott. Er umarmte mich liebevoll. Ich wusste, dass er es war – auch wenn ich ihn nicht sehen konnte. Er beugte sich zu mir und sagte: ›Das reicht nicht.‹«

Die Freundin fragte nach: »Wie deutest du diesen Traum?« Sie bekam folgende Antwort. »Ich weiß, dass es diesen Gott wirklich gibt. Ich weiß, dass es auch ein Leben nach meinem Tod gibt, aber so, wie ich gelebt habe, werde ich es nicht bekommen.«

Sie empfand diesen Traum nicht als bedrohlich, sondern als Chance, ja sogar als eine innere Befreiung. Die beiden Frauen sprachen noch lange, nicht nur an diesem Tag, über den Glauben.

Die alte Dame fand ihren ganz eigenen Weg, sich diesem Gott, der ihr so nachgegangen war, anzuvertrauen. Sie wusste sich geliebt – auch über die Grenzen dieser Welt hinaus. Sie spürte, wie sie es nannte, die Entlastung von Schuld, die sie im Leben auf sich geladen hatte. Sie erkannte, dass es nicht nur dieses sichtbare Leben gibt, sondern auch eine unsichtbare Wirklichkeit, die sie bisher außer Acht gelassen hatte. Sie sah, wie dieser Gott sie durch ihren schweren Lebensweg hindurch begleitet und geliebt hat. Jesus öffnete ihr den Blick und die Tür in diese andere Welt.

In ihrem schweren Todeskampf faltete sie – so schilderte es später eine Angehörige – oft die Hände und sagte, obwohl sie nicht mehr bei klarem Bewusstsein war: »Lieber Gott, hilf mir.«

Ihre Familie verstand das nicht, denn religiös sei sie doch niemals gewesen.

Lukas 23,39–43 – die Bibel

»Einer der Verbrecher, die neben ihm hingen, spottete: ›Du bist also der Christus? Beweise es, indem du dich rettest – und uns mit!‹ Doch der andere mahnte: ›Hast du nicht einmal jetzt Ehrfurcht vor Gott, da du den Tod vor Augen hast? Wir haben für unsere Vergehen den Tod verdient, aber dieser Mann hat nichts Unrechtes getan.‹ Dann sagte er: ›Jesus, denk an mich, wenn du in dein Reich kommst.‹ Da antwortete Jesus: ›Ich versichere dir: Heute noch wirst du mit mir im Paradies sein.‹«

Meditation: Der Schächer am Kreuz

Die Passionsgeschichte von Jesus hat den Menschen im Blick, der im Angesicht seines eigenen Sterbens genau diese Frage für sich beantworten muss: Gibt es für mich das ewige Leben? Das ist keine moderne Fragestellung. Sie gehört zum Menschsein untrennbar dazu. Sie ist eine ganz persönliche Frage, die auch jeder oder jede nur ganz persönlich für sich beantworten kann.

Mit Jesus wurden noch zwei andere Männer gekreuzigt. Auch sie hatten den Tod vor Augen. Der eine lässt seiner Aggression darüber, dass er offensichtlich keine Chance mehr hat, dem nahen Tod zu entkommen, freien Lauf. Der andere begreift, dass es an der Schwelle des Todes um die Frage nach dem ewigen Leben geht. »Hast du nicht einmal jetzt Ehrfurcht vor Gott, da du den Tod vor Augen hast?« Er kann diesem Gott nicht mehr ausweichen. Er ahnt, wie schuldbeladen er vor ihm stehen wird. Er sieht, dass Jesus der Sohn Gottes ist, der unschuldig leidet. Antoine de Saint-Exupéry sagt so treffend: »Man sieht nur mit dem Herzen gut.«[14] Dieser Mann am Kreuz sieht und erkennt in seinem Herzen, dass Jesus auf dem Weg in die himmlische Herrlichkeit Gottes ist. Er sieht auch, dass für uns Menschen dort ein Platz ist. Er sieht, dass nur Jesus uns zu diesem Platz führen kann. »Jesus, denk an mich, wenn du in dein Reich kommst.«

Jesus antwortet ihm: »Ich versichere dir: Heute noch wirst du mit mir im Paradies sein.«

Johannes 3,16

Denn Gott hat die Welt so sehr geliebt,
dass er seinen einzigen Sohn hingab,
damit jeder, der an ihn glaubt,
nicht verloren geht,
sondern das ewige Leben hat.

Kapitel 10

Den Abschied gestalten

Jesus wird ins Grab gelegt

Ein Abschied in Liebe

Nun ist es geschehen –
der letzte Atemzug.

Du bist fort.

Kein Wort mehr,
kein Blick,
kein Händedruck,
kein Kuss.

Du bist fort.

Ich lasse deine Hand los,
möchte dir noch so viel sagen,
möchte dir meine Liebe zeigen.

Du bist fort.

So umarme ich dich – ein letztes Mal –,
schließe dir deine so lieben Augen,
umfasse deine Hände.

Du bist fort.

Aber noch kann ich dich berühren
und dir so meine Liebe zeigen.
Ich kann deinen geschundenen Leib zur Ruhe betten,
dich kleiden mit deinem letzten Gewand.

Du bist fort.

ich aber sitze noch bei dir
in der Stille meiner Gedanken,
bis meine Augen nicht mehr weinen können,
bis mein Herz leer ist vom Schmerz.

Du bist fort.

Wenn du aus diesem Raum hinausgetragen wirst,
dann möchte ich dir sagen können:
Gehe in Frieden,
mein Herz hat Abschied genommen.

Lukas 23,50–24,1 – die Bibel

»Nun lebte dort ein gütiger und gerechter Mann mit Namen Josef. Er
war ein Mitglied des Hohen Rats, doch er war mit der Entscheidung
und dem Vorgehen der anderen Ratsmitglieder nicht einverstanden
gewesen. Er stammte aus der Stadt Arimathäa in Judäa und wartete
auf das Kommen des Reiches Gottes. Dieser Josef ging zu Pilatus und
bat um den Leichnam von Jesus. Dann nahm er ihn vom Kreuz, hüll-
te ihn in ein langes Leinentuch und legte ihn in ein neues Grab, das
in einen Felsen gehauen war. Dies geschah am späten Freitagnach-
mittag, dem Rüsttag für den Sabbat. Als sein Leichnam fortgebracht
wurde, folgten die Frauen aus Galiläa und sahen das Grab, in das
sie ihn legten. Dann gingen sie nach Hause und bereiteten Kräuter
und Öle vor, um ihn damit einzubalsamieren. Doch als sie mit den
Vorbereitungen fertig waren, war der Sabbat angebrochen, und sie
ruhten den ganzen Tag, wie es im Gesetz vorgeschrieben ist. Früh
am Sonntagmorgen gingen die Frauen zum Grab und brachten die
Öle mit, die sie vorbereitet hatten.«

Alles musste schnell gehen – zum Trauern blieb keine Zeit. So war es bei der Beerdigung von Jesus. Gerade noch rechtzeitig, kurz vor Beginn des Sabbats, an dem alle Arbeit ruhen musste, hatten sie es geschafft, Jesus in die Grabeshöhle zu legen. In Windeseile war der Leichnam vom Kreuz genommen, mit den damals üblichen Duftkräutern in ein Leichentuch gewickelt und zur nächsten Grabhöhle gebracht worden. Die Grablegung ist vorbei! Nun kann alles wieder seinen gewohnten Gang nehmen! Nein – so war das nicht. Die äußeren Dinge waren zwar geregelt, aber der Abschied war nicht vollzogen worden. Uns wird von den Frauen berichtet, dass sie von ferne dem Leiden und Sterben von Jesus zusahen, dann folgten sie den Männern, die ihn ins Grab legten.

Sie hatten keinen Abschied genommen.

Auf dem Weg, den sie mit Jesus gegangen waren – all die Jahre bis hin zu seinem Tod –, fehlte das letzte Stück, fehlte der Abschied.

So kaufen sie eiligst noch vor Sonnenuntergang Öle, die zum damals üblichen Ritual nötig waren. Den Leichnam mit kostbarem Öl zu salben, ist der innige Wunsch der Frauen, die sich am Ostermorgen auf den Weg machen. Sie wollen dem Verstorbenen noch einmal nahe sein, möchten ihm ihre Liebe zeigen, möchten an seinem Grab weinen und klagen. Ob sie den schweren Stein wegrollen können, der vor dem Eingang der Grabhöhle liegt? Ob es Sinn macht, einen in Leintücher eingewickelten Leichnam zu salben, ist ihnen überhaupt nicht wichtig.

Sie wollen das tun, wozu es sie von Herzen drängt. Sie wollen ihrer Liebe und ihrer Trauer freien Lauf lassen.

Kopflos kommen sie uns vor – diese Frauen.

Aber sie brauchen diesen Abschied, um weiterleben zu können.

Gedanken zum miteinander Nachdenken

Der verlorene Abschied

»Ich würde das nie mehr so machen«, sagte eine junge Frau. Ihre Erfahrungen spiegeln das wider, was viele Menschen so oder ganz ähnlich erlebt haben. Menschen, denen in der nachfolgenden Trauerzeit bewusst wurde, dass ihnen das konkrete Abschiednehmen gefehlt hat.

Diese junge Frau erinnert sich: »Es ging alles so schnell. Noch am Abend vorher hatten wir uns für den nächsten Tag verabredet. Vater war seit seinem Schlaganfall ans Bett gefesselt. Er war hochbetagt und hatte mehrere Krankheiten. Wir wussten, dass er bald sterben würde. Aber dass alles so schnell gehen könnte, damit hatte niemand gerechnet. Als meine Mutter frühmorgens bei uns anrief, war sie ganz außer sich. Sie sagte, Vaters Allgemeinzustand habe sich verschlechtert, der Arzt sei da und wir müssten mit dem Schlimmsten rechnen. Ich fuhr sofort los. Ich wollte mich doch noch von Vater verabschieden! Als ich ankam, lebte er noch. Vielleicht hat er es auch noch bemerkt, dass wir alle um sein Bett herumstanden. Aber er konnte nicht mehr reden und sein Blick war irgendwie ganz abwesend. Dann atmete er immer schwerer. Der Arzt sagte, dass er keine Schmerzen habe, und dann schlief er sanft ein. Es ging so schnell – ich konnte das gar nicht recht fassen. Über mehrere Monate hatte meine Mutter ihn nun zu Hause gepflegt, jetzt war er tot. Ich konnte meine Gefühle nicht ordnen. Noch nie war ich bei einem Sterbenden gewesen. Der Arzt stellte den Totenschein aus. Meine Schwestern und ich saßen mit unserer Mutter auf dem Bett, wir weinten und streichelten Papa. Mein Bruder rief den Bestatter an. Er kam zwei Stunden später. Wir saßen mittlerweile in der Küche. Schnell hatte ich noch das Schlafzimmer aufgeräumt. Die Medikamente, Handtücher, die Trinkflasche, die Hygieneartikel und was sonst noch herumlag, waren beiseitegeschafft. Feierlich sah das Zimmer aus – und zugleich so fremd und unwirklich –, vor dem Leichnam empfand ich große Scheu.

Wiederum zwei Stunden später war unser Vater fort. Wir haben damals gedacht, dies sei das Beste. Ein Leichnam gehöre nicht in eine Wohnung. Schließlich gibt es auf dem Friedhof eine Leichenhalle mit Kühlräumen, in denen unser Vater richtig aufgehoben sei.

Aber dann kam dieses große Bedürfnis, noch einmal wirklich Abschied zu nehmen, noch einmal mit meinem Vater zusammen sein zu können. Ihm all das zu sagen, was ich ihm noch sagen wollte. Ihn einfach nur anzuschauen und neben ihm zu sitzen.

Einen Tag später fuhr ich zum Friedhof. Den Schlüssel für die Leichenhalle hatte ich in der Tasche. Ich wollte zu meinem Vater – seit gestern war er fort.

Ich war unendlich traurig, als ich den langen Flur entlangging und meine Augen suchend über die Türschilder schweiften, bis sie die richtige Nummer gefunden hatten. Ich schloss auf, öffnete, schaltete das Licht ein und stand in diesem kalten, schmucklosen Raum. Es roch nach Duftspray, zwei Bäumchen standen in der Mitte des Raumes neben dem offenen Sarg. Meine Schritte hallten auf dem Steinboden, als ich näher kam. Die Wände waren kahl und unterhalb der Decke befand sich ein breites Kippfenster. An einer Seitenwand standen Holzstühle.

Ich wollte Abschied nehmen, weinen, mich in meinem Schmerz fallen lassen, meinen Vater berühren, ihm mein ganzes Herz ausschütten. Bald würde ich ihn nie mehr sehen können. Ich hatte nur noch wenige Möglichkeiten, ihm wirklich nahe zu sein. Ich brauchte das – aber hier konnte ich es nicht. Nicht in dieser kalten und unpersönlichen Umgebung.

Ich stand nur da – ich war wie gelähmt – ich schaute ihn nur an – und dann ging ich wieder.

Später habe ich erfahren, dass mein Bruder und meine Mutter es ganz ähnlich empfunden haben wie ich.

Uns fehlt bis heute der vertraute Abschied.«

Sich auf den Abschied vorbereiten

Es gibt kein Patentrezept für einen gelungenen Abschied. Jeder Mensch und jede Beziehung, in der wir leben, haben ihre eigenen Formen und Bedürfnisse. Das gilt gerade auch für das Abschiednehmen und das Abschiedgestalten.

Umso wichtiger ist es, sich beizeiten mit der Frage der Abschiedgestaltung zu beschäftigen, die eigenen Bedürfnisse wahrzunehmen und sich in der Familie (wenn der Wunsch besteht) darüber auszutauschen.

Früher war es ganz selbstverständlich, den Verstorbenen noch einige Tage im Haus aufzubahren. So hatte man Zeit, in Ruhe Abschied zu nehmen. Dieser Brauch gewinnt heute wieder zunehmend an Bedeutung. Ein Verstorbener darf bis zu 48 Sunden daheim bleiben, wenn die Wohnverhältnisse dazu geeignet sind. Nachdem der Arzt den Totenschein ausgestellt hat, kann der Leichnam durch den Bestatter oder den Pflegedienst hergerichtet werden. Oftmals haben Angehörige auch den Wunsch, dabei mitzuwirken. Die Familie, Angehörige und Freunde können nun in aller Ruhe Abschied nehmen. Wenn genügend Sitzgelegenheiten um das Bett herumgestellt werden können, kann man gemeinsam dort verweilen. Familien machen oft die Erfahrung, dass kleinere Kinder auf diese Weise sehr unbefangen mit dem Tod umgehen lernen. Sie kommen ins Sterbezimmer, legen ein selbst gemaltes Bild oder einen Brief auf das Bett, sitzen dort oder reden gemeinsam mit anderen Verwandten über schöne gemeinsame Erinnerungen. Sie können sich dann auch jederzeit wieder zurückziehen.

Auch wenn ein Angehöriger in einer Pflegeeinrichtung oder einem Krankenhaus stirbt, gibt es heute verschiedene Möglichkeiten, in dieser Ruhe und Würde einen Abschied zu gestalten. Die meisten Einrichtungen verfügen mittlerweile über schöne Abschiedsräume. Dort kann der Leichnam in der Regel mehrere Tage aufgebahrt sein. Jedoch ist es wichtig, dass man bereits im Vorfeld konkret anspricht, dass Interesse daran besteht, diese Räumlichkeiten zu nutzen.

Viele Einrichtungen gehen auch gerne auf die Wünsche Angehöriger ein, die gemeinsam mit dem Pflegepersonal oder auch alleine den Leichnam herrichten möchten. Auch hier ist es ratsam, bereits im Vorfeld diese Wünsche zu besprechen.

Nach wie vor ist es auch üblich, wenige Stunden nach dem Ausstellen des Totenscheins den Bestatter zu rufen. Er überführt den Leichnam dann in das Kühlhaus des Friedhofes. Manche Menschen empfinden das Abschiednehmen auf diese Weise nicht als belastend. »Ich kann einen Leichnam im Haus nicht ertragen«, sagte eine ältere Dame, »mein Mann wusste das. Er war mir nicht böse, als ich ihm sagte, dass ich ihn gleich ins Leichenhaus bringen werde. Jeden Tag vor seiner Bestattung bin ich dort bei ihm gewesen. Für mich war das gut.«

Ich bin bei dir – ein Gebet

Gott,
ich will deine Nähe spüren,
wenn ich einsam bin.

Gott,
ich will deine Liebe fühlen,
wenn ich verlassen bin.

Gott,
ich will deinen Trost erfahren,
wenn ich traurig bin.

Gott,
sei du mir Weggefährte,
sprich zu mir:
Ich bin bei dir.

Der Eintritt des Todes

Bei den meisten Menschen deuten verschiedene Anzeichen auf den bevorstehenden Tod hin. So zeichnen sich dunkle Flecken am Körper ab. Die Durchblutung lässt nach, sodass sich die Fingerspitzen weiß und dann zart blau färben. Die Lippen werden bläulich, die Haut im Nasenbereich wird weiß und die Atmung ist oberflächlicher.

Die nahen Anzeichen des Todes können bei jedem Krankheitsbild variieren. Im Gespräch mit dem Arzt und den Pflegekräften bekommen Angehörige hilfreiche Informationen und Unterstützung darin, wie sie dem Sterbenden zur Seite stehen können.

Wenn dann der letzte Atemzug vorüber ist, kann es mitunter sein, dass die noch in der Lunge vorhandene Luft stoßartig entweicht. Der Körper des Verstorbenen kann sich dabei noch einmal kräftig aufbäumen. Dies ist aber eine rein muskuläre Reaktion, vor der man nicht erschrecken sollte. Sobald die letzte Luft entwichen ist, kommt der Körper zur Ruhe.

Pflege des Leichnams

Wenn der Tod eingetreten ist, fühlt sich der Körper noch warm an. Behutsam kann man nun die Augenlider und den Mund des Verstorbenen schließen. Manchmal empfiehlt es sich, ein kleines Handtuch unter das Kinn zu legen, damit der Mund geschlossen bleibt.

Nun ist keine Eile geboten.

Man kann noch in Ruhe am Sterbebett verweilen, ein Gebet sprechen, die Bettdecke glatt streichen, dem Verstorbenen die Hände falten. Vielleicht möchte man auch eine Kerze anzünden.

Jetzt kann der Arzt gerufen werden, der den Totenschein ausstellt. Er entfernt dann auch – bei Bedarf – die Infusionsnadeln und andere medizinische Geräte.

Es empfiehlt sich, im Laufe der nächsten Stunde den Leichnam herzurichten.

Das kann durch den Bestatter, durch Pflegekräfte, aber selbstverständlich auch durch Angehörige geschehen.

Vielen ist es ein Bedürfnis, den Leichnam zu waschen, vielleicht sogar noch mit einem duftenden Öl einzureiben. Es kann noch zu einer unkontrollierten Entleerung des Darms oder der Blase kommen. Darauf sollte man vorbereitet sein und hygienische Maßnahmen treffen. Eine saugfähige Einlage im Bett und ggf. eine Intimeinlage sind hilfreich.

Wichtig ist auch, auf die Frisur des Verstorbenen zu achten. Man kann die Haare vorsichtig kämmen. Sollte das nicht ausreichen, kann man auch durch einen speziellen Trockenschaum die Frisur richten. Möchte man die Zahnprothese einsetzen, damit die Wangen nicht so stark einfallen, dann sollte man dies jetzt tun.

Oft haben Sterbende ihre Kleidung für das Totenbett ausgesucht. Sonst wählt man etwas, das dem Geschmack des Verstorbenen entspricht. Es muss heutzutage kein weißes Leichenhemd mehr sein. Viele Menschen werden in ihrem Lieblingskleid oder -anzug bestattet.

Nach dem Ankleiden empfiehlt es sich, die Hände des Verstorbenen in die endgültige Stellung zu legen. Durch die eintretende Leichenstarre ist dies später nur noch schwer möglich.

Bahrt man den Verstorbenen zu Hause auf, bezieht man auch das Bett neu.

Die Aufbahrung zu Hause

Heute ist es erlaubt, den Leichnam 48 Stunden in einem Raum aufzubahren, der in dieser Zeit nicht als allgemeiner Schlaf-

oder Essraum benutzt wird. Üblicherweise ist dies der normale Schlafraum.

Dieser Raum kann in den nächsten Tagen als ein Ort der Stille, der Ruhe, des Abschiednehmens genutzt werden. Vielen Angehörigen hilft dies später dabei, ihre Trauer besser zu bewältigen. Angenehm ist es, wenn die medizinischen Geräte bereits aus dem Raum sind oder mit einem Tuch abgedeckt werden.

Mit Hilfe von Blumen, Kerzen (wegen der Brandgefahr am besten in Gläsern aufgestellt) und gedämpftem Licht kann der Raum eine wohltuende, würdige Ruhe ausstrahlen.

Wenn Kinder im Haus sind, haben diese meist das Bedürfnis zu sehen, was nun mit dem Verstorbenen geschehen ist.

Fast immer haben sie eine natürliche Unbefangenheit im Umgang mit dem Tod. Vielleicht pflücken sie Blumen, um diese auf das Totenbett zu streuen, oder sie malen Bilder, um diese dann ins Trauerzimmer zu bringen. Andere schauen immer wieder einmal beim Verstorbenen vorbei. Es gibt auch Kinder, die mit Scheu auf den Toten reagieren. Auch dies ist eine mögliche und zugleich normale Reaktion.

Wichtig ist, Kinder nicht zu Verhaltensweisen zu drängen, die sie nicht von sich aus wollen.

Aber man kann sie darin unterstützen, ihren eigenen Abschied vom Toten zu nehmen. Kindern, denen es nicht bewusst ist, sollte man erklären, dass der Verstorbene sich nach einigen Stunden kalt anfühlt. Entgegen manchen Meinungen ist es gesundheitlich unbedenklich, einen Toten zu berühren.

Die Zeit, die bis zur Bestattung verbleibt, ist mit vielen Formalitäten gefüllt und daher oft sehr hektisch:

Viel Schriftverkehr mit Banken, Versicherungen und der Regelung von Bestattungsvorbereitungen stürmen auf die Hinterbliebenen ein.

Es ist hilfreich, wenn man bereits im Vorfeld manche dieser Aufgaben delegiert hat. Nützlich kann es auch sein, sich vorher zu erkundigen, was auf einen zukommt.

Damit die Zeit bis zum Begräbnis jedoch als eine Zeit des Abschiednehmens erlebt werden kann, tut es den Hinterbliebenen gut, wenn sie einen Rückzugsraum der Stille haben und sich bewusst tägliche gemeinsame Zeiten am Totenbett einräumen.

(Abschiedsrituale, siehe Seite 141; gemeinsame Liturgie am Sterbebett, siehe Seite 147; Aussegnung, siehe Seite 147; Gestaltung der Abschiedszeit mit Kindern, siehe Seiten 167, 184.)

Kapitel 11

Trauer – lass mich los und halt mich nicht fest

Ich glaube

Ich glaube, das Gott aus allem,
auch aus dem Bösesten,
Gutes entstehen lassen kann und will.
Dafür braucht er Menschen,
die sich alle Dinge zum Besten dienen lassen.
Ich glaube, dass Gott uns in jeder Notlage
so viel Widerstandskraft geben will,
wie wir brauchen.
Aber er gibt sie nicht im Voraus,
damit wir uns nicht auf uns selbst,
sondern allein auf ihn verlassen.
In solchem Glauben müsste alle Angst vor der Zukunft
überwunden sein.

Dietrich Bonhoeffer[15]

Johannes 20,11–17 – die Bibel

»Maria stand weinend draußen vor dem Grab, und während sie weinte, beugte sie sich vor und schaute hinein. Da sah sie zwei weiß gekleidete Engel sitzen, einen am Kopf- und einen am Fußende der Stelle, an der der Leichnam von Jesus gelegen hatte. ›Warum weinst du?‹, fragten die Engel sie. ›Weil sie meinen Herrn weggenommen haben‹, erwiderte sie, ›und ich nicht weiß, wo sie ihn hingelegt haben.‹ Sie blickte über ihre Schulter zurück und sah jemanden hinter sich stehen. Es war Jesus, aber sie erkannte ihn nicht. ›Warum weinst du?‹, fragte Jesus sie. ›Wen suchst du?‹ Sie dachte, er sei der Gärtner. ›Herr‹, sagte sie, ›wenn du ihn weggenommen hast, sag mir, wo du ihn hingebracht hast; dann gehe ich ihn holen.‹ ›Maria!‹, sagte Jesus. Sie drehte sich um zu ihm und rief aus: ›Meister!‹ ›Berühre mich nicht‹, sagte Jesus, ›denn ich bin noch nicht zum Vater aufgefahren. Aber geh zu meinen Brüdern und sage ihnen, dass ich zu meinem Vater und zu eurem Vater, zu meinem Gott und zu eurem Gott auffahre.‹«

Gedanken zum Bibeltext

Das Unfassbare ist geschehen: Jesus ist wirklich tot. Es ist nun der dritte Tag. Der Sabbat ist vorüber, der normale Alltag beginnt – für die anderen, aber nicht für diejenigen, die trauern.

Für Maria Magdalena ist dieser Morgen nicht der Anbruch eines neuen Tages, sondern ein weiterer Tag der Dunkelheit und Tränen, an dem sie den sucht, den sie so schmerzlich vermisst.

Sie will ihm Zeichen der Liebe erweisen – er soll weiterhin einen Platz in ihrem Leben haben. Er kann nicht weg sein – sie will ihn sehen, will zu ihm gehen.

Bereits bei Sonnenaufgang war sie mit anderen Frauen zur Grabhöhle gegangen. Der schwere Stein war weggerollt, der Leichnam nicht mehr da. Panik hatte sie ergriffen, sie rannten zurück in die Stadt, um es den anderen Jüngern zu sagen. Diese eilten auch zum Grab. Aber es blieb leer.

Unfassbares war geschehen.

Sie traute ihren Sinnen nicht: Kann das alles wahr sein, was ich erlebt habe? Jesus ist nicht nur tot, sondern weg!

In ihrem Schmerz sehnte sie sich nach einem Ort, an den sie hingehen und an dem sie seine Gegenwart fühlen oder wenigstens ahnen konnte. Sie ging zum Grab.

»Warum weinst du?«, so lautete die Frage der Engel.

»Warum weinst du? Wen suchst du?«, so fragt sie der Auferstandene.

Jesus will sagen: Suche mich nicht am Ort meines Begräbnisses. Du kannst mich nicht als Toten finden – es gibt ihn nicht mehr, den Menschen Jesus in dem Körper, wie du ihn kennst.

Siehe, ich bin lebendig. Ich bin nicht tot, sondern ich lebe.

Aber ich lebe nicht so, wie du lebst, sondern neu geboren in einer anderen Wirklichkeit. Ich bin durch den Tod in ein neues Leben hinübergegangen. Sieh genauer hin: Ich bin lebendig!

Marias Tränen haben ihr Recht. Sie sind Ausdruck des Schmerzes, dass nichts mehr zwischen ihnen so sein kann, wie es einmal war.

Wiederfinden kann sie nur den anderen, den Auferstandenen, den, der nun zur unsichtbaren Wirklichkeit Gottes gehört.

Maria erfährt hier noch einmal den schmerzlichen Bruch ihrer Beziehung zu Jesus. Sie kann nicht an der Grabeshöhle sitzen und sich in die vergangene Zeit zurückträumen. Sie kann nicht die Erinnerungen wie einen Schatz festhalten und ihm damit wieder ein Stück Leben in der Gegenwart verleihen.

Jesus sagt zu ihr: Halte mich nicht fest! Mein neues Leben ist nicht von dieser Welt! Du kannst deine Beziehung zu mir nicht einfach fortführen. Du kannst und sollst mich nicht festhalten. Ich werde dir als der Auferstandene nahe sein – aber in ganz anderer Weise als vorher.

Maria muss lernen, ihren Jesus loszulassen. Sie muss lernen, ein eigener Mensch zu werden, ein eigenes neues Leben zu wagen. Jesus selbst gibt ihr dazu den Auftrag: Geh zu meinen Brüdern! So beginnt inmitten des unsagbaren Schmerzes der Anfang eines neues Lebens unter dem Segen Gottes! Sie kann nicht festhalten, was einmal war. Aber im Loslassen empfängt sie aus Gottes Hand eine neue Perspektive für ihr Leben.

Gedanken in der Trauer

Ein Ort für meine Trauer

Unsere Bestattungskultur verändert sich zurzeit stark. Manche Menschen nutzen dies, um Gräber persönlicher zu gestalten, andere wählen ein anonymes Grab.

Die Kirchen weisen mit Nachdruck darauf hin, dass es für Hinterbliebene tröstlich ist, den Ort aufsuchen zu können, an dem der Leichnam oder die Urne des Verstorbenen begraben ist. Ein Ort, der einen Namen trägt. Ein Ort, an dem ein Mensch seine Spur auf dieser Erde hinterlässt. Ein Ort, an dem deutlich wird, was Vergänglichkeit bedeutet.

In dem Film »Zeit, die mir noch bleibt«[16] bereitet sich ein junger Mann auf seinen Tod vor. Ihm wird es wichtig, seinen Grabstein selbst zu entwerfen: ein heller Stein, die aufgehende Sonne, ein Kreuz – und der Satz »Ich lebe.«, daneben sein Name und seine Lebensdaten. Für ihn ist es wie ein Vermächtnis, eine Botschaft, die er hinterlassen möchte. Eine Hoffnung, die den Besucher des Grabes darauf hinweisen möchte, dass es nach diesem Leben ein Weiterleben gibt.

Dies ist eine von vielen Möglichkeiten, das Grab zu einem Ort lebendiger Erinnerung werden zu lassen. Die Bepflanzung mit den Lieblingsblumen, eine Steinfigur, ein ewiges Licht oder besondere Erinnerungsgegenstände sind Zeichen der Verbundenheit, die trösten können.

Den Erinnerungen nachgehen

Viele Trauernde berichten davon, dass sie in den ersten Monaten täglich das Grab des geliebten Menschen aufsuchen. Im Weg dorthin vollziehen sie das, was der Verstand weiß, die Seele aber erst langsam begreifen muss: Der Verstorbene ist nicht mehr zu Hause, er ist fort. Allmählich wird klar: Ich muss mich auf den Weg machen, um ihm in meinen Erinnerungen zu begegnen. Ich muss eine ganz neue Form finden, in der er nun zu meinem Leben gehören kann.

Meistens gibt es viele Plätze, die mit gemeinsamen Erinnerungen verbunden sind: die Bank am Waldrand, der Spazierweg am Flussufer, der Aussichtspunkt am Berg, das Café in der Stadt. Den Erinnerungen in wörtlichem Sinn nachzugehen und diese Orte aufzusuchen, ist vielen sehr hilfreich. Vielleicht möchte man lieber von einem guten Freund oder einer guten Freundin begleitet werden – dann sollte man dies offen ansprechen.

Immer wieder über den Tod und den geliebten Menschen zu reden, ist in den ersten Monaten der Trauer überaus heilsam. Meist sprechen Trauernde wiederholt über die gleichen Situationen und Erlebnisse – den Abschied, den Verlauf der Krankheit, das gemeinsame Leben, die letzten Stunden. Das ist ganz natürlich. Durch das Reden verarbeiten Menschen die Trennung und gewinnen eine neue, andere Beziehungsebene zum Verstorbenen.

Es ist gut, wenn Angehörige und Freunde sich viel Zeit nehmen und gut zuhören. Wenn sie verständnisvoll auch zum wiederholten Mal der gleichen Geschichte ihre Aufmerksamkeit schenken.

Mein Leben hat eine Aufgabe

In der Trauerzeit erscheint vielen Menschen ihr Leben leer und sinnlos. Das ist besonders bedrückend bei älteren Menschen, die dann alleine zurückbleiben. Bisher füllte die Versorgung des Ehepartners ihr Leben aus, und nun leiden sie neben dem Verlust des geliebten Menschen noch zusätzlich unter der subjektiv empfundenen Sinnlosigkeit ihres Lebens. Schnelle und einfache Lösungen lassen sich hier nicht finden. Wichtig ist aber, dass die Betroffenen während der Trauerbewältigung zu einer neuen Annahme ihrer Person finden. Je nach Alter, Begabung und Gesundheit ist es wichtig, ein Lebensziel ins Auge zu fassen, für das man sich engagiert. Die verständnisvolle Unterstützung von Angehörigen ist dabei besonders wichtig[17].

Meditativer Spaziergang

In der Trauerzeit tut es vielen Menschen gut, wenn sie täglich aus dem Haus gehen. Sie haben dadurch wieder Anteil am normalen Leben – sei es beim Einkaufen, bei der Busfahrt in die Stadt, der Verabredung mit einem guten Freund oder beim Gang auf den Friedhof. Gute Erfahrungen machen manche auch mit dem meditativen Spaziergang, bei dem die eigenen Gedanken auf ein bestimmtes Ziel gelenkt werden (siehe Seite 188).

Da ist einer

Ich freue mich,
denn ich werde gerufen. –
Da ist einer, der mich kennt.
Da ist einer, der meinen Namen weiß.
Da ist einer, der mich braucht.
Ich freue mich,
denn ich werde gerufen –
anzufangen,
aufzubrechen,
loszugehen,
immer der Stimme nach.
Ich freue mich,
denn ich werde gerufen –
obwohl ich so viel falsch mache,
obwohl ich doch oft Angst habe,
obwohl meine Hände leer sind.
Ich freue mich,
denn ich werde gerufen – trotzdem!
Immer wieder,
jeden Tag.
Ich muss es wagen,
denn ich werde gerufen
zu einer Aufgabe,
zur Verantwortung,
zum Leben.
Ich werde gerufen
auf meinen Weg zu dem,
der mir einst den Namen gab,
mit dem er mich jetzt ruft.

Dagmar Schoofs[18]

Kapitel 12

Der behutsame Weg in ein neues Leben

Zwei Jünger auf dem Weg nach Emmaus

Hoffnung

Wie ein Schiffbrüchiger bin ich gestrandet,
allein –
an einem Ort, an den ich nie wollte, –
ohne Orientierung,
ohne Zuflucht.

Vertrauen möchte ich,
dass noch etwas kommt –
gegen alle Vernunft,
gegen alle Gefühle, die in mir sind.

Hoffen möchte ich
auf meinen Gott,
der mich sieht
und der um mein Elend weiß.

Wie ein Schiffbrüchiger bin ich gestrandet,
mühsam erklimme ich das Ufer –
und sehe dich, mein Gott, wie du auf mich wartest
und mich versorgst mit Brot und Fisch.

Du stärkst mich,
du tröstest mich,
du wirst mich führen
auf dem Weg in mein neues, anderes Leben.
Komm, Herr Jesus.

Lukas 24,13–35 – die Bibel

»Am gleichen Tag waren zwei Jünger von Jesus unterwegs nach Emmaus, einem Dorf, das etwa elf Kilometer von Jerusalem entfernt lag. Auf dem Weg sprachen sie über alles, was geschehen war. Plötzlich kam Jesus selbst, schloss sich ihnen an und ging mit ihnen. Aber sie wussten nicht, wer er war, weil Gott verhinderte, dass sie ihn erkannten. ›Worüber redet ihr?‹, fragte Jesus. ›Was beschäftigt euch denn so?‹ Da blieben sie voller Traurigkeit stehen. Einer von ihnen, Kleopas, sagte: ›Du bist wohl der einzige Mensch in Jerusalem, der nicht gehört hat, was sich dort in den letzten Tagen ereignet hat.‹ ›Was waren das für Ereignisse?‹, fragte Jesus. ›Das, was mit Jesus von Nazareth geschehen ist‹, sagten sie. ›Er war ein Prophet, der vor Gott und dem ganzen Volk erstaunliche Wunder tat und mit großer Vollmacht lehrte. Doch unsere obersten Priester und die anderen Ältesten haben ihn verhaftet, den Römern ausgeliefert und zum Tod verurteilen lassen, und er wurde gekreuzigt. Wir hatten gehofft, er sei der Christus, der Israel retten und erlösen wird. Das alles geschah vor drei Tagen. Aber heute Morgen waren einige Frauen aus unserer Gemeinschaft schon früh an seinem Grab und kamen mit einem erstaunlichen Bericht zurück. Sie sagten, sein Leichnam sei nicht mehr da, und sie hätten Engel gesehen, die ihnen sagten, dass Jesus lebt! Einige von uns liefen hin, um nachzuschauen, und tatsächlich war der Leichnam von Jesus verschwunden, wie die Frauen gesagt hatten.‹ Darauf sagte Jesus zu ihnen: ›Was seid ihr doch für unverständige Leute! Es fällt euch so schwer zu glauben, was die Propheten in der Schrift gesagt haben. Haben sie nicht angekündigt, dass der Christus alle diese Dinge erleiden muss, bevor er verherrlicht wird?‹ Und er begann bei Mose und den Propheten und erklärte ihnen alles, was in der Schrift über ihn geschrieben stand. Mittlerweile näherten sie sich ihrem Ziel, dem Dorf Emmaus. Es schien so, als ob Jesus weitergehen wollte, doch sie baten ihn inständig, über Nacht bei ihnen zu bleiben, da es schon dunkel wurde. Da trat er mit ihnen ins Haus. Als sie sich hinsetzten, um zu essen, nahm er das Brot, segnete es, brach es und gab es ihnen. Da gingen ihnen die Augen auf und sie erkannten ihn. Doch im selben Augenblick verschwand er! Sie sagten zueinander: ›War es uns nicht seltsam warm ums Herz, als er unterwegs mit uns sprach und uns die Schrift auslegte?‹ Und sofort brachen sie auf und gingen nach Jerusalem zurück, wo die elf

Jünger und die, die bei ihnen waren, sich versammelt hatten. Als sie ankamen, wurden sie mit der Nachricht empfangen: ›Der Herr ist tatsächlich auferstanden! Er ist Petrus erschienen!‹ Da erzählten auch die beiden Jünger aus Emmaus ihre Geschichte, wie Jesus unterwegs mit ihnen gesprochen hatte und wie sie ihn erkannt hatten, als er das Brot brach.«

Gedanken zum Bibeltext

Zerbruch – Hoffnungslosigkeit – namenloses Leid.

Ich kann nicht mehr – die Traurigkeit drückt mich nieder. Ich will raus, ich will vergessen!

Die zwei Jünger lassen Jerusalem hinter sich. Jerusalem, den Ort, der in der Todesstunde Jesu durch ein Erdbeben und eine Sonnenfinsternis heimgesucht wurde. Der Ort, an dem ihre Träume und auch ein Stück ihrer eigenen Lebensgeschichte zerbrachen.

Auch die Jünger von Jesus sind keine unnahbaren Helden, die glaubensstark mit dem Tod ihres Herrn umgehen könnten. Sie sind Menschen wie wir. Sie gehen uns einen Weg voraus, der in manchem auch unser Weg sein könnte: Unser Weg durch Leid und Traurigkeit; unser Weg zur Begegnung mit dem Auferstandenen; unser Weg in ein neues Leben.

Der Tod hatte die Jünger aus ihrem normalen Alltag herausgerissen. Der, dem sie jahrelang gefolgt waren, war nun tot. Was sollten sie tun? Das alte Leben war unwiederbringlich vorbei.

Fast scheint es, als wollten sie nun endlich allem Vergangenen entfliehen, einen Schlussstrich ziehen, einfach die Brücken hinter sich abbrechen und in ihrer Heimat neu anfangen: auf nach Emmaus!

Aber so einfach ist das nicht. Ihre Schritte entfernen sich von Jerusalem, nicht aber ihre Gedanken. Nein, so einfach werden sie die Vergangenheit nicht los. Sie lebt mit ihnen, sie ist ein Stück von ihnen. Sie reden und reden – aber sie finden weder einen Ausweg noch eine Erklärung noch eine Lösung. Sie können sie gar nicht finden. Ihre Seele ist noch zu aufgewühlt, zu verwundet, als dass sie den Christus in ihrer Mitte erkennen könnten. Sie sind gefangen in ihrer Traurigkeit. Sie sind verschlossen gegenüber tröstenden und erklärenden Worten. Sie sind wie mit Blindheit geschlagen.

Sie fühlen nur noch Schmerz, sie selbst sind nur noch Schmerz.

Da tritt Jesus, der Auferstandene, unerkannt zu ihnen. Er begleitet sie, er geht ein Stück des Weges mit ihnen. Verstehen können die Jünger nichts – nur spüren. Ihr Herz brennt. Inmitten ihrer Dunkelheit glüht etwas auf, das später ihre neue Lebensenergie werden wird. Während ihre Seele das Neue zu ahnen beginnt, hängen ihre Gedanken noch traurig am Vergangenen.

Und dennoch: Sie sprechen das aus, was ihnen Leben in Fülle bringen wird: »Bleib bei uns!«

Jesus bleibt bei ihnen in ihrer Traurigkeit.

Er spricht das Segensgebet und bricht das Brot. Er tut das, was er beim letzten Abendmahl verheißen hat. Und sie wissen: Er, der Herr, der Christus, ist mitten unter uns!

Segensbitte in schwerer Not

Gott, der dich wahrnimmt,
lasse zu deiner Erfahrung werden,
was er dir zugesagt hat:
Bei dir zu sein
in Angst und Unsicherheit,
zu dir zu stehen
in Ausweglosigkeit und Verlassenheit,
dich zu trösten,
wenn du bekümmert bist,
deine Bedürftigkeit
zu Herzen nehmen,
was immer auf dir lastet.

Er schenke dir,
was du dir selbst
nicht geben kannst:
Wachsendes Vertrauen
mitten in den Anfechtungen und
allem unverstandenen Leid
dieses Lebens.

Impulse und Anregungen

Krankensalbung

Vorschlag für einen Ablauf

Die Krankensalbung ist für den Schwerkranken eine ganz persönliche Stärkung auf seinem Leidensweg. Die genaue Gestaltung kann mit dem zuständigen Pfarrer / der zuständigen Pfarrerin besprochen werden.

Friedensgruß
Der Friede des Herrn sei mit uns allen.

Psalmwort
»Gott ist unsere Zuflucht und unsere Stärke, der uns in Zeiten der Not hilft« (Psalm 46,2).

Einführung
Im Namen Jesu Christi sind wir hier versammelt. Wir wollen für... beten und sie/ihn mit Öl salben.
Wir vertrauen dabei auf die Gnade und die Kraft Christi.

Lesung aus der Bibel
»Ist einer von euch krank? Dann soll er die Ältesten der Gemeinde holen lassen, damit sie für ihn beten und ihn im Namen des Herrn mit Öl salben.«

Jakobus 5,14

Gebet

Herr Jesus Christus,
manchmal kann ich meine Krankheit kaum ertragen.
Sie belastet mich an Leib und Seele.
So komme ich voller Vertrauen zu dir.
Du, Herr, kennst alle Not der Menschen.
Du hast sogar den Tod durchlitten,
um uns in den Stunden des Leidens Hoffnung zu geben.
Gib mir die Kraft,
meine Krankheit zu ertragen.
Lass das Licht deiner Liebe meine Not erhellen.
Stärke meine Hoffnung auf das ewige Leben.
Dir vertraue ich mein Leben an –
in deine Hände ist meine Zeit gelegt.
Segne mein Leben
und lass mich dein Heil spüren.

Salbung

(Das Gefäß mit dem Salböl wird in die Hand genommen.)
Gott, du nimmst deine Schöpfung in den Dienst deiner Fürsorge und deines Erbarmens.
Wir bitten dich, lass dieses Öl zum Zeichen deiner heilenden und rettenden Kraft an dieser/diesem Kranken werden. Amen.
(Nun wird ein Finger in das Öl getaucht und der/dem Kranken ein Kreuz auf die Stirn und den Handrücken gezeichnet.)

Segnung

(Sie kann unter Handauflegung beim Kranken gesprochen werden.)
..., sei gesegnet im Namen unseres Herrn Jesus Christus.
Er richte dich auf durch die heilende Macht seiner Liebe.
Friede sei mit dir. – Amen.

Segenslied zum Abschluss
(Das Segenslied kann auch gesprochen werden.)

Nichts soll dich ängsten

Nichts soll dich ängsten, nichts soll dich quälen;
wer sich an Gott hält, dem wird nichts fehlen.
Nichts soll dich ängsten, nichts soll dich quälen:
Dich trägt Gott.
Amen.

Nach Teresa de Jesús[19]

Segensbitte in Krankheit

Der unbegreifliche Gott
erfülle dein Leben mit seiner Kraft,
dass du entbehren kannst,
ohne hart zu werden,
dass du leiden kannst,
ohne zu zerbrechen,
dass du Niederlagen hinnehmen kannst,
ohne dich aufzugeben,
dass du schuldig werden kannst,
ohne dich zu verachten,
dass du mit unbeantworteten Fragen leben kannst,
ohne die Hoffnung preiszugeben.

Dazu segne dich
der allmächtige Gott,
der Vater, der Sohn und
der Heilige Geist.
Amen.

Der Aufbruch

Ein gemeinsames Ritual

Es kann auch nur mit dem Schwerkranken allein begangen werden.

Vorbereitung

Beauftragen Sie jemanden mit der Leitung der Feier und besorgen Sie eine ausreichende Anzahl des Evangelischen Gesangbuchs (können auch bei der Kirchengemeinde ausgeliehen werden).

Sorgen Sie dafür, dass es genügend Sitzgelegenheiten gibt.

Bereiten Sie die »Zeichen der Hoffnung« vor. Manchmal möchten auch kleinere Kinder etwas malen oder basteln.

Einleitung

Liebe ... / lieber ..., liebe Familie und Freunde (ggf. Namen)!

Wir sind hier beieinander im Namen Gottes, des Vaters, des Sohnes und des Heiligen Geistes. Amen.

Jesus Christus hat uns versprochen: »Ich bin bei euch alle Tage bis an der Welt Ende.«

Darauf vertrauen wir.

Durch die Gegenwart von Jesus möchten wir uns auf dem Weg, der nun vor uns liegt, stärken lassen.

Deshalb bitten wir Gott:

Gebet

Lieber himmlischer Vater,
vor uns liegt ein Weg des Abschieds.
Wir möchten diesen Weg unter deinem Segen und
Schutz miteinander gehen.
Wir wissen nicht, was uns erwartet.
Mal wird es uns gut gehen,
ein anderes Mal werden wir an die Grenzen unserer Kraft kommen.
Du hast uns Menschen so geschaffen,
dass Zeiten der Krankheit und des Leidens
Teil unseres Lebens sein können.
Segne die vor uns liegende Zeit,
hilf uns durch deinen heiligen Geist,
dass wir einander beistehen können.
Lass uns in dieser schweren Zeit
einander zum Segen werden.
Amen.

Liedvorschläge

Bewahre uns, Gott

Bewahre uns, Gott, behüte uns, Gott,
sei mit uns auf unsern Wegen.
Sei Quelle und Brot in Wüstennot,
sei um uns mit deinem Segen.

Bewahre uns Gott, behüte uns, Gott,
sei mit uns in allem Leiden.
Voll Wärme und Licht im Angesicht,
sei nahe in schweren Zeiten,
voll Wärme und Licht im Angesicht,
sei nahe in schweren Zeiten.

Bewahre uns, Gott, behüte uns, Gott,
sei mit uns vor allem Bösen.
Sei Hilfe, sei Kraft, die Frieden schafft,
sei in uns, uns zu erlösen,
sei Hilfe, sei Kraft, die Frieden schafft,
sei in uns, uns zu erlösen.

Bewahre uns, Gott, behüte uns, Gott,
sei mit uns durch deinen Segen.
Dein Heiliger Geist, der Leben verheißt,
sei um uns auf unsern Wegen,
dein Heiliger Geist, der Leben verheißt,
sei um uns auf unsern Wegen.

Eugen Eckert[20]

Herr, wir bitten: Komm und segne uns

Herr, wir bitten: Komm und segne uns; lege auf uns deinen Frieden.
Segnend halte Hände über uns.
Rühr uns an mit deiner Kraft.

In die Nacht der Welt hast du uns gestellt,
deine Freude auszubreiten.
In der Traurigkeit, mitten in dem Leid,
lass uns deine Boten sein.

Herr, wir bitten ...

In die Schuld der Welt hast du uns gestellt,
um vergebend zu ertragen,
dass man uns verlacht, uns zu Feinden macht,
dich und deine Kraft verneint.

Herr, wir bitten ...

In den Streit der Welt hast du uns gestellt,
deinen Frieden zu verkünden,
der nur dort beginnt, wo man wie ein Kind,
deinem Wort Vertrauen schenkt.

Herr, wir bitten ...

In das Leid der Welt hast du uns gestellt,
deine Liebe zu bezeugen.
Lass uns Gutes tun und nicht eher ruhn,
bis wir dich im Lichte sehn.

Herr, wir bitten ...

Nach der Not der Welt, die uns heute quält,
willst du deine Erde gründen,
wo Gerechtigkeit und nicht mehr das Leid
deine Jünger prägen wird.

Peter Strauch[21]

Zeichen der Hoffnung

Der Leiter oder die Leiterin der Feier:

Spuren des Segens und Zeichen der Hoffnung haben wir mitgebracht. Wir möchten uns gemeinsam daran freuen, wie viel Schönes und Gutes wir aus der Hand Gottes empfangen haben.

Und wir möchten auch daran denken, welch eine Hoffnung Gott in unser Leben gelegt hat. Die Hoffnung auf seine Gegenwart in unserer Mitte.

Wir haben einige Dinge mitgebracht, die wir nun ganz bewusst als ein Zeichen dieser Hoffnung und unserer Verbundenheit hinstellen werden (Man kann sie dem Kranken zeigen und dann auf ein Tischchen im Krankenzimmer stellen):

- ein Kreuz,
- Gebasteltes,
- Erinnerungsstücke,
- eine Lieblingsspeise, die der Kranke noch essen darf,
- ein schönes gemeinsames Foto,
- Dinge, die man von einem Spaziergang mitgebracht hat,
- Kärtchen, auf denen tröstende Worte stehen,

❧ Bilder, Fotos, aktuelle Informationen, an denen man den Schwerkranken teilhaben lassen und ihn erfreuen möchte.

Immer wieder kann man später dann etwas Neues hinzustellen.

Segensbitte

Dieser Segen wird als Abschluss gesprochen oder gesungen:

Segne uns, o Herr!
Lass leuchten dein Angesicht
über uns und sei uns gnädig ewiglich.

Segne uns, o Herr!
Deine Engel stell um uns,
bewahre uns in deinem Frieden ewiglich.

Segne uns, o Herr!
Lass leuchten dein Angesicht
über uns und sei uns gnädig ewiglich.

NACH 4. MOSE 6,24-26[22]

Abschied vom Sterbenden

Rituale

Vorbereitung

Bestimmen Sie einen Leiter oder eine Leiterin der Zeremonie und sorgen Sie für genügend Sitzplätze im Raum.

Versuchen Sie, eine schöne Atmosphäre zu schaffen (z. B. mit Kerzen und Blumen).

Wenn es nötig ist, dann halten Sie die Gebete, die man gemeinsam spricht, in ausreichender Anzahl bereit.

In ein kleines Schälchen können Sie gutes Öl geben (es bieten sich vor allem naturbelassene zitronige Duftöle aus der Apotheke an).

Vorschlag für ein traditionelles christliches Ritual

Eingang
Im Namen Gottes, des Vaters
und des Sohnes
und des Heiligen Geistes.
Amen.

Wort aus der Bibel
Voller Vertrauen wenden wir uns in dieser schweren Stunde an Gott. Wir suchen bei ihm Trost und Halt auf dem schweren Weg, den wir nun miteinander gehen.

Im Propheten Jesaja (Jesaja 43,1) heißt es:

»Doch nun spricht der Herr (...): ›Hab keine Angst, ich habe dich erlöst. Ich habe dich bei deinem Namen gerufen; du gehörst zu mir.‹«

Gebet

Herr, du liebst mich.
Du hast mich auf meinem Lebensweg begleitet.
Du wirst auch auf dem letzten Abschnitt meines Lebens mit mir sein.
Gerne wären wir noch viele Jahre beieinander gewesen.
Es ist anders gekommen.
Hilf uns, dass wir in Frieden voneinander Abschied nehmen können.
Stärke in uns die Gewissheit, dass du alles Leben in deiner Hand hast.
Erhalte uns den Glauben, dass du uns das ewige Leben schenkst.
Dir befehlen wir uns an in Zeit und Ewigkeit.
Segne uns, o Herr.
Amen.

Lied

Unsern Ausgang segne Gott

Unsern Ausgang segne Gott,
unsern Eingang gleichermaßen,
segne unser täglich Brot,
segne unser Tun und Lassen,
segne uns mit sel'gem Sterben
und mach uns zu Himmelserben.

Hartmann Schenck[23]

Vaterunser

Vater unser im Himmel,
geheiligt werde dein Name.
Dein Reich komme.
Dein Wille geschehe
wie im Himmel so auf Erden.
Unser tägliches Brot gib uns heute.
Und vergib uns unsere Schuld,
wie auch wir vergeben unseren Schuldnern.
Und führe uns nicht in Versuchung,
sondern erlöse uns von dem Bösen.
Denn dein ist das Reich und die Kraft
und die Herrlichkeit in Ewigkeit.
Amen.

Segen

Es segne und behüte uns Gott,
der Allmächtige und Barmherzige,
Vater, Sohn und Heiliger Geist.
Amen.

Vorschlag für ein freieres christliches Ritual

Einführung
Liebe ... / Lieber ...Wir sind zusammengekommen, um Abschied
zu nehmen.
Wir wissen:
Jetzt bist du noch in unserer Mitte.
Aber wir fühlen, dass wir dich loslassen müssen,
und können dieses Unbegreifliche noch nicht fassen.

Worte an den Sterbenden
Liebe ... / Lieber ...,
wir danken dir für die gemeinsame Lebenszeit,
die wir mit dir haben durften.
Wir danken dir von Herzen für all die Liebe.
Für alles Lachen, für allen Mut und alle Kraft,
die du uns geschenkt hast.

Gebet und Gedanken zum Abschied

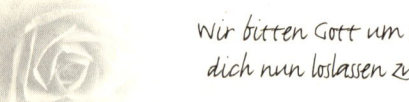

Wir bitten Gott um die Kraft,
dich nun loslassen zu können.

Wir möchten den Weg, den du jetzt gehen wirst
so gerne noch ein Stück mit dir gehen.
Es ist ein Weg der Erinnerungen, ein Weg der Liebe,
ein Weg der Dankbarkeit.

Es ist ein Weg, auf dem auch wir spüren,
dass uns mehr begegnet als das,
was nur rein weltlich und menschlich ist.
Es ist ein Weg,
auf dem auch wir berührt werden vom Ewigen.

Es ist die Hoffnung des Glaubens,
die uns auf diesem Weg tröstet und uns zuspricht,
dass keiner von uns alleine ist, sondern dass wir geborgen sind
in Gott, der unserem Leben den Anfang gegeben hat,
und zu dem es nun zurückkehrt.

Dich begleitet unsere Liebe
aber dich möge auch der Engel Gottes begleiten
auf dem Weg in diese andere unsichtbare Welt.
Du gehst nicht allein.

Das Zeichen der Salbung

Dieses Salböl, mit dem ich dir nun das Zeichen des Heils auf die Stirn zeichne, soll dir die Liebe und Zuwendung Gottes zeigen, der zu dir sagt: Sei getrost und unverzagt!
Es soll uns darin trösten, dass du nicht weggehst, sondern nur hinübergehst in eine andere Welt.
So gehen wir miteinander – und jeder sagt dir still im Herzen, mit Worten, mit einem Händedruck: Ich bin mit dir!

Stille – wer möchte, kann der Sterbenden / dem Sterbenden mit dem Öl ein Kreuz auf die Hand zeichnen.

Von guten Mächten wunderbar geborgen,
erwarten wir getrost, was kommen mag,
Gott ist mit uns am Abend und am Morgen,
und ganz gewiss an jedem neuen Tag.[24]

Gemeinsames Gebet um Vergebung

Allmächtiger Gott,
du siehst, was wir im Leben einander schuldig geblieben sind.
Wir bringen es in der Stille vor dich.

Was wir einander verweigert haben,
wo Worte verletzten
und wo Versöhnung nötig ist.

STILLE

All das legen wir in dein Erbarmen.
Vergib uns unsere Schuld! Amen.

Vaterunser

Vater unser im Himmel,
geheiligt werde dein Name,
dein Reich komme, dein Wille geschehe,
wie im Himmel so auch auf Erden.
Unser tägliches Brot gib uns heute,
und vergib uns unsere Schuld,
wie auch wir vergeben unseren Schuldnern.
Und führe uns nicht in Versuchung, sondern erlöse uns
von dem Bösen.
Denn dein ist das Reich und die Kraft und die
Herrlichkeit in Ewigkeit.
Amen.

Segensgebet

Liebe ... / Lieber ...,
Gott stärke dich auf deinem letzten Weg.
Er schicke dir seinen Engel,
der dich hinüberhole in seine Welt.

Was dich an Sorgen und schweren Gedanken quält –
das nehme er von dir.
Was dich an Schuld bedrückt –
das nehme er auf in sein Erbarmen.

Der Herr segne dich und behüte dich,
der Herr lasse sein Angesicht leuchten über dir
und sei dir gnädig,
der Herr erhebe sein Angesicht auf dich
und gebe dir ewigen Frieden.
Amen.

Abschied vom Verstorbenen

Aussegnung

Wenn ein Mensch verstorben ist, haben Angehörige oftmals das Bedürfnis, noch einmal gemeinsam von ihm Abschied zu nehmen.

Man kann sich kurze Zeit nach Eintritt des Todes um das Sterbebett herum versammeln, um diese Andacht zu halten. Man kann aber auch einen späteren Zeitpunkt wählen, etwa wenn die Familie angereist ist.

Oftmals wird diese Abschiedsfeier aber auch als eine Aussegnung begangen, die abgehalten wird, bevor der Leichnam aus dem Haus gebracht wird.

In manchen Gegenden ist es auch üblich, den Pfarrer oder die Pfarrerin um die Durchführung zu bitten.

Eingangsgruß
Im Namen Gottes, des Vaters
und des Sohnes
und des Heiligen Geistes.
Amen.

Wort aus der Bibel

»Wenn wir leben, leben wir, um dem Herrn Freude zu machen, und wenn wir sterben, sterben wir, um beim Herrn zu sein. Ob wir nun leben oder sterben: Wir gehören dem Herrn.«

Römer 14,8

Gebet

Allmächtiger Gott,
unsere liebe … / unser lieber … ist gestorben.
Wir sind noch ganz erfüllt von den Erinnerungen
des gemeinsamen Lebens.
Wir fühlen noch die Gemeinschaft mit ihr / ihm.
Der Abschied ist uns schwergefallen.
Unsere Gedanken sind noch gefangen
von dem, was wir in den letzten Tagen und Stunden
erlebt haben.
Wir danken dir,
dass du uns im Angesicht des Todes eine Hoffnung gibst.
Die Hoffnung auf ein neues Leben.
Dein Sohn Jesus Christus ist uns in den Tod vorausgegangen.
Er hat die Macht des Todes gebrochen.
Wer an ihn glaubt und ihm nachfolgt,
wird diesen Weg ins Leben gehen.
Wir legen … in deine Hand.
Schenke du ihr / ihm die Auferstehung.
Tröste uns, die wir zurückbleiben,
gib uns Kraft, den Schmerz zu ertragen.
Amen.

Psalm

»Die Tage des Menschen sind wie Gras,
wie eine Blume auf dem Feld, so blüht der Mensch.
Wenn der Wind weht, ist sie spurlos verschwunden,
als sei sie niemals dagewesen.«

Psalm 103,15-16

Wort an den Verstorbenen

Es segne dich Gott, der Vater,
der dich nach seinem Ebenbild geschaffen hat.
Es segne dich Gott, der Sohn,
der dich durch sein Leiden und Sterben erlöst hat.
Es segne dich Gott, der Heilige Geist,
der dich zum Leben gerufen und geheiligt hat.
Gott, der Vater und der Sohn und der Heilige Geist,
führe dich auf deinem Weg
durch das Dunkel des Todes hindurch
in seine ewige Herrlichkeit.
Er sei dir gnädig im Gericht
und gebe dir Frieden und ewiges Leben.
Amen.

Lied

Unsern Ausgang segne Gott

Unsern Ausgang segne Gott,
unsern Eingang gleichermaßen,
segne unser täglich Brot,
segne unser Tun und Lassen,
segne uns mit sel'gem Sterben
und mach uns zu Himmelserben.

Hartmann Schenck[25]

Vaterunser

Vater unser im Himmel,
geheiligt werde dein Name.
Dein Reich komme.
Dein Wille geschehe
wie im Himmel so auf Erden.
Unser tägliches Brot gib uns heute.
Und vergib uns unsere Schuld,
wie auch wir vergeben unseren Schuldnern.
Und führe uns nicht in Versuchung,
sondern erlöse uns von dem Bösen.
Denn dein ist das Reich und die Kraft
und die Herrlichkeit in Ewigkeit.
Amen.

Segen

Es segne und behüte uns Gott,
der Allmächtige und Barmherzige,
Vater, Sohn und Heiliger Geist.
Amen.

Lieder und Gebete für den Morgen

Schwerkranke und sterbende Menschen schätzen es meist sehr, wenn sie einen Tagesablauf haben, in dem Rituale wiederkehren. Das gibt ihnen Orientierung. Es gibt ihnen aber auch seelischen Halt.

Vielen Pflegenden tut dies gleichermaßen gut.

So haben sich feste Morgen- und Abendrituale vielfach in der Praxis bewährt.

Ein Fingerkreuz[26] kann dem Schwerkranken beim Gebet sehr hilfreich sein.

Es bietet sich folgender Ablauf an:

- Lied
- Lesung eines Textes (Tageslosung, Bibeltext, Text)
- Gebet

Lieder

All Morgen ist ganz frisch und neu

All Morgen ist ganz frisch und neu
Des Herren Gnad und große Treu;
Sie hat kein End den langen Tag,
drauf jeder sich verlassen mag.

O Gott, du schöner Morgenstern,
gib uns, was wir von dir begehrn:
Zünd deine Lichter in uns an,
lass uns an Gnad kein Mangel han.

Treib aus, o Licht, all Finsternis,
behüt uns, Herr,
vor Ärgernis,
vor Blindheit und vor aller Schand
und reich uns Tag und Nacht dein Hand,

zu wandeln als am lichten Tag,
damit, was immer sich zutrag,
wir stehn im Glauben bis ans End
und bleiben von dir ungetrennt.

Johannes Zwick[27]

Die güldne Sonne, voll Freud und Wonne

Die güldne Sonne, voll Freud und Wonne
bringt unsern Grenzen mit ihrem Glänzen
ein herzerquickendes, liebliches Licht.

Mein Haupt und Glieder, die lagen darnieder;
aber nun steh ich, bin munter und fröhlich,
schaue den Himmel mit meinem Gesicht.

Mein Auge schauet, was Gott gebauet
zu seinen Ehren und uns zu lehren,
wie sein Vermögen sei mächtig und groß
und wo die Frommen dann sollen hinkommen,
wann sie mit Frieden von hinnen geschieden
aus dieser Erde vergänglichem Schoß.

Lasset uns singen, dem Schöpfer bringen
Güter und Gaben; was wir nur haben,
alles sei Gotte zum Opfer gesetzt!
Die besten Güter sind unsre Gemüter;
dankbare Lieder sind Weihrauch und Widder,
an welchen er sich am meisten ergötzt.

Abend und Morgen sind seine Sorgen;
segnen und mehren, Unglück verwehren
sind seine Werke und Taten allein.
Wenn wir uns legen, so ist er zugegen;
wenn wir aufstehen, so lässt er aufgehen
über uns seiner Barmherzigkeit Schein.

Ich hab erhoben zu dir hoch droben
all meine Sinnen; lass mein Beginnen
ohn allen Anstoß und glücklich ergehn.
Laster und Schande, des Satanas Bande,
Fallen und Tücke treib ferne zurücke;
laß mich auf deinen Geboten bestehn.

Lass mich mit Freuden ohn alles Neiden
sehen den Segen, den du wirst legen
in meines Bruders und Nähesten Haus.
Geiziges Brennen, unchristliches Rennen
nach Gut mit Sünde, das tilge geschwinde
von meinem Herzen und wirf es hinaus.

Menschliches Wesen, was ist's gewesen?
In einer Stunde geht es zugrunde,

sobald das Lüftlein des Todes drein bläst.
Alles in allen muss brechen und fallen,
Himmel und Erden die müssen das werden,
was sie vor ihrer Erschaffung gewest.

Alles vergehet, Gott aber stehet ohn alles Wanken;
seine Gedanken, sein Wort und Wille hat ewigen Grund.
Sein Heil und Gnaden, die nehmen nicht Schaden,
heilen im Herzen die tödlichen Schmerzen,
halten uns zeitlich und ewig gesund.

Gott, meine Krone, vergib und schone,
lass meine Schulden in Gnad und Hulden
aus deinen Augen sein abgewandt.
Sonsten regiere mich, lenke und führe, wie dir's gefället;
ich habe gestellet alles in deine Beliebung und Hand.

Willst du mir geben, womit mein Leben
ich kann ernähren, so lass mich hören
allzeit im Herzen dies heilige Wort:
Gott ist das Größte, das Schönste und Beste;
Gott ist das Süße und Allergewisste,
aus allen Schätzen der edelste Hort.

Willst Du mich kränken, mit Galle tränken,
und soll von Plagen ich auch was tragen,
wohlan, so mach es, wie dir es beliebt.
Was gut und tüchtig, was schädlich und nichtig
Meinem Gebeine, das weißt du alleine,
Hast niemals keinen zu sehr noch betrübt.

Kreuz und Elende, das nimmt ein Ende;
nach Meeresbrausen und Windessausen
leuchtet der Sonnen gewünschtes Gesicht.
Freude die Fülle und selige Stille
wird mich erwarten im himmlischen Garten;
dahin sind meine Gedanken gericht'.[28]

Gebete

Ich vertraue dir, Gott

Lieber Vater im Himmel, ein neuer Tag beginnt.
Wieder spüre ich meine Krankheit.
Sie bestimmt mein ganzes Leben.
Sie macht mir schwer zu schaffen und
belastet mich an Leib und Seele.
Manches Mal sehe ich gar keine Hoffnung mehr.
Lass mich spüren, Herr,
dass du trotz aller Angst und allen Schmerzen bei mir bist
und mich nicht aus deinen Händen gleiten lässt.
Herr, gib mir eine Fröhlichkeit des Herzens,
trotz allen Kummers.
Lass dein Angesicht leuchten über mir,
um deiner unendlichen Liebe willen.
Gib mir und denen, die um mich sind,
die Kraft, den heutigen Tag zu überstehen.
Segne uns.
Geführt an deiner Hand vertraue ich auf das Morgen.
Du, Herr, wirst bei uns sein,
heute und an jedem Tag.
Gelobt sei deine Treue!
Amen.

Morgensegen Martin Luthers

Das walte Gott Vater, Sohn und Heiliger Geist! Amen.
Ich danke dir, mein himmlischer Vater,
durch Jesus Christus, deinen lieben Sohn,
dass du mich diese Nacht
vor allem Schaden und Gefahr behütet hast,

und bitte dich,
du wollest mich diesen Tag auch behüten
vor Sünden und allem Übel,
dass dir all mein Tun und Leben gefalle.
Denn ich befehle mich, meinen Leib und Seele
und alles in deine Hände.
Dein heiliger Engel sei mit mir,
dass der böse Feind keine Macht an mir finde.
Amen.

Du bist bei mir, mein Gott

Lieber Vater im Himmel,
meine Krankheit macht mir schwer zu schaffen.
Ich leide an Leib und Seele.
Lass mich an diesem Morgen wieder ganz neu spüren,
dass du mich liebst.
Du hast gesagt: Ich bin bei euch alle Tage bis an der Welt Ende.
Herr, das will ich glauben.
Ich will es mir von dir zusagen lassen,
dass du in diesem Haus gegenwärtig bist.
Du warst hier in den guten Tagen, die wir miteinander hatten,
und du bist auch jetzt mit uns im Leid.
Herr, gib uns Kraft in all dem Kummer.
Lass dein Angesicht leuchten über uns,
um deiner unendlichen Liebe willen.
Sei du bei mir in meiner Traurigkeit.
Tröste mich und lass mich nicht verzweifeln.
Schenke mir den Glauben daran,
dass nach diesem Leben ein ewiges Leben
auf mich wartet.
Geführt an deiner Hand vertraue ich auf das Morgen.
Du, Herr, wirst bei mir sein,

heute und an jedem Tag.
Gelobt sei deine Treue!
Amen.

Herr, dir vertraue ich

Herr, auf dich traue ich,
lass mich nimmermehr zuschanden werden,
errette mich durch deine Gerechtigkeit!
Neige deine Ohren zu mir, hilf mir eilends!
Sei mir ein starker Fels und eine Burg, dass du mir helfest!
Denn du bist mein Fels und meine Burg,
und um deines Namens willen
wollest du mich leiten und führen.
In deine Hände befehle ich meinen Geist;
du hast mich erlöst, Herr, du treuer Gott.

Ich freue mich und bin fröhlich über deine Güte,
dass du mein Elend ansiehst
und nimmst dich meiner an in Not;
du stellst meine Füße auf weiten Raum.

Herr, sei mir gnädig, denn mir ist angst!
Mein Auge ist trübe geworden vor Kummer,
matt meine Seele und mein Leib.
Ich aber, Herr, hoffe auf dich
und spreche: Du bist mein Gott!

Meine Zeit steht in deinen Händen.
Lass leuchten dein Antlitz über mir;
hilf mir durch deine Güte!
Wie groß ist deine Güte, Herr,
die du bewahrt hast denen, die dich fürchten,

und erweisest denen, die auf dich trauen!
Ich sprach wohl in meinem Zagen:
Ich bin von deinen Augen verstoßen.
Doch du hörtest die Stimme meines Flehens,
als ich zu dir schrie.
Seid getrost und unverzagt alle,
die ihr des Herrn harret!

NACH WORTEN AUS PSALM 31

Segensbitten

Es segne dich Gott, der Vater,
der dich nach seinem Bild geschaffen hat.
Es segne dich Gott, der Sohn,
der dich durch sein Leiden und Sterben erlöst hat.
Es segne dich Gott, der heilige Geist,
der dich zu seinem Eigentum bereitet
und geheiligt hat.
Der treue und barmherzige Gott wolle dich
durch seine Engel geleiten durch dein Leben,
das du einst vollenden mögest in ihm.
Unser Herr, Jesus Christus, sei in dir,
dass er dich beschütze.
Der Heilige Geist sei mit dir,
dass er dich erquicke. – Amen.

Der Herr segne dich/uns und behüte dich /uns,
er lasse sein Angesicht leuchten über dir/uns
und sei dir/uns gnädig.
Der Herr erhebe sein Angesicht auf dich/uns
und gebe dir/uns seinen Frieden.
Amen.

Lieder und Gebete für den Abend

Bewährt hat sich der Ablauf:

- ❧ Lied
- ❧ Gebet
- ❧ Segen

Lieder

Mein schönste Zier

Mein schönste Zier und Kleinod bist
auf Erden du, Herr Jesu Christ;
dich will ich lassen walten
und allezeit in Lieb und Leid
in meinem Herzen halten.

Dein Lieb und Treu vor allem geht,
kein Ding auf Erd so fest besteht;
dass muss ich frei bekennen.
Drum soll nicht Tod, nicht Angst, nicht Not
von deiner Lieb mich trennen.

Dein Wort ist wahr und trüget nicht
und hält gewiss, was es verspricht,
im Tod und auch im Leben.
Du bist nun mein, und ich bin dein,
dir hab ich mich ergeben.

Der Tag nimmt ab. Ach schönste Zier,
Herr Jesu Christ, bleib du bei mir,
es will nun Abend werden.
Lass doch dein Licht auslöschen nicht
bei uns allhier auf Erden.

Johannes Eccard[29]

Der Mond ist aufgegangen

Der Mond ist aufgegangen
die gold'nen Sternlein prangen
am Himmel hell und klar.
Der Wald steht schwarz und schweiget,
und aus den Wiesen steiget
der weiße Nebel wunderbar.

Wie ist die Welt so stille
und in der Dämmerung Hülle
so traulich und so hold
als eine stille Kammer,
wo ihr des Tages Jammer
verschlafen und vergessen sollt.

Seht ihr den Mond dort stehen?
Er ist nur halb zu sehen
und ist doch rund und schön.
So sind wohl manche Sachen,
die wir getrost belachen,
weil unsere Augen sie nicht sehn.

Wir stolzen Menschenkinder
sind eitel arme Sünder
und wissen gar nicht viel.
Wir spinnen Luftgespinste
und suchen viele Künste
und kommen weiter von dem Ziel.

Gott, lass dein Heil uns schauen,
auf nichts Vergänglichs trauen,
nicht Eitelkeit uns freun;
lass uns einfältig werden
und vor dir hier auf Erden
wie Kinder fromm und fröhlich sein.

Wollst endlich sonder Grämen
aus dieser Welt uns nehmen
durch einen sanften Tod;
und wenn du uns genommen,

lass uns in' Himmel kommen,
du unser Herr und unser Gott.

So legt euch denn, ihr Brüder,
in Gottes Namen nieder;
kalt ist der Abendhauch.
Verschon uns, Gott, mit Strafen
und lass uns ruhig schlafen,
und unsern kranken Nachbar auch!

Matthias Claudius[30]

Bleib bei mir, Herr! Der Abend bricht herein

Bleib bei mir, Herr! Der Abend bricht herein.
Es kommt die Nacht, die Finsternis fällt ein.
Wo fänd ich Trost, wärst du mein Gott nicht hier?
Hilf dem, der hilflos ist: Herr, bleib bei mir!

Wie bald verebbt der Tag, das Leben weicht,
die Lust verglimmt, der Erdenruhm verbleicht;
umringt von Fall und Wandel leben wir.
Unwandelbar bist du: Herr, bleib bei mir!

Ich brauch zu jeder Stund dein Nahesein,
denn des Versuchers Macht brichst du allein.
Wer hilft mir sonst, wenn ich den Halt verlier?
In Licht und Dunkelheit, Herr, bleib bei mir!

Von deiner Hand geführt, fürcht ich kein Leid,
kein Unglück, keiner Trübsal Bitterkeit.
Was ist der Tod, bist du mir Schild und Zier?
Den Stachel nimmst du ihm: Herr, bleib bei mir!

Halt mir dein Kreuz vor, wenn mein Auge bricht;
im Todesdunkel bleibe du mein Licht.
Es tagt, die Schatten fliehn, ich geh zu dir.
Im Leben und im Tod, Herr, bleib bei mir!

Theodor Werner[31]

Gebete

Abendgebet

Herr, mein Gott,
ich danke dir,
dass du diesen Tag zu Ende gebracht hast;
ich danke dir,
dass du Leib und Seele zur Ruhe kommen lässt.
Deine Hand war über mir
und hat mich behütet und bewahrt.
Vergib allen Kleinglauben und alles Unrecht dieses Tages
und hilf, dass ich gern denen vergebe,
die mir Unrecht getan haben.
Lass mich im Frieden unter deinem Schutz schlafen
und bewahre mich vor den Anfechtungen der Finsternis.
Ich befehle dir die Meinen,
ich befehle dir dieses Haus,
ich befehle dir meinen Leib und meine Seele.
Gott, dein heiliger Name sei gelobt.

DIETRICH BONHOEFFER[32]

Abendsegen

Das walte Gott Vater, Sohn und Heiliger Geist! Amen.
Ich danke dir, mein himmlischer Vater,
durch Jesus Christus, deinen lieben Sohn,
dass du mich diesen Tag gnädiglich behütet hast,
und bitte dich,
du wollest mir vergeben alle meine Sünde,
wo ich Unrecht getan habe,
und mich diese Nacht auch gnädiglich behüten.

Denn ich befehle mich, meinen Leib und meine Seele
und alles in deine Hände.
Dein heiliger Engel sei mit mir,
dass der böse Feind keine Macht an mir finde.

Bitte um Ruhe

Guter Gott,
dieser Tag ist nun zu Ende.
Ich möchte zur Ruhe kommen
und Schlaf finden.
Nimm alle störenden Gedanken fort.
Du bist mein Hüter,
du wachst über diesem Haus.
So kann ich in Frieden schlafen.
Schenke uns allen eine erholsame Nacht.
Amen.

Dankbarkeit und Fürbitte

Vater, ich danke dir für diesen Tag,
du hast ihn mir als einen Tag meines Lebens geschenkt.
Aus deiner Hand nehme ich ihn –
auch wenn ich deine Wege oft nicht verstehe,
danke ich dir.
Denn mein Leben liegt nicht in meiner Hand,
es ist geborgen in dir.
Auch wenn ich keine (kaum noch) Kraft habe,
am Leben teilzunehmen,
so kann ich beten – für mich und für die Menschen,
die du mir an die Seite gestellt hast.

Und so bitte ich: Herr, segne uns,
lass unser Tagwerk gelingen,
gib du jedem die Kraft für seine Aufgaben
und schenke in aller Mühe ein fröhliches Herz.
(Konkret bitte ich noch ...).
Nun schenke uns eine ruhige Nacht
und lass uns morgen mit neuer Kraft erwachen.
Amen.

Altes Kirchengebet

Unser Abendgebet steige auf zu dir, Herr,
und es senke sich auf uns herab dein Erbarmen.
Dein ist der Tag und dein ist die Nacht.
Lass, wenn des Tages Licht verlischt,
das Licht deiner Wahrheit uns leuchten.
Geleite uns zur Ruhe der Nacht
und vollende dein Werk an uns in Ewigkeit[34].

Breit aus die Flügel beide

Breit aus die Flügel beide, o Jesu meine Freude
und nimm dein Küchlein ein,
will Satan mich verschlingen,
so lass die Englein singen,
dies Kind soll unverletzet sein.
Amen.

Segensbitten

Es segne uns Gott, der Vater, der Sohn und der Heilige Geist.
Amen.

Der Herr segne dich (uns) und behüte dich (uns),
er lasse sein Angesicht leuchten über dir (uns)
und sei dir (uns) gnädig.
Der Herr erhebe sein Angesicht auf dich (uns)
und gebe dir (uns) seinen Frieden.
Amen.

Gebete für alle Zeiten

Psalm 23
Der Herr ist mein Hirte,
mir wird nichts mangeln.
Er weidet mich auf einer grünen Aue
und führet mich zum frischen Wasser.
Er erquicket meine Seele.
Er führet mich auf rechter Straße um seines Namens willen.
Und ob ich schon wanderte im finstern Tal,
fürchte ich kein Unglück;
denn du bist bei mir,
dein Stecken und Stab trösten mich.
Du bereitest vor mir einen Tisch
im Angesicht meiner Feinde.
Du salbest mein Haupt mit Öl
und schenkest mir voll ein.
Gutes und Barmherzigkeit werden mir folgen mein Lebens lang,
und ich werde bleiben im Hause des Herrn immerdar.[35]

Vaterunser
Vater unser im Himmel,
geheiligt werde dein Name.
Dein Reich komme.
Dein Wille geschehe
wie im Himmel so auf Erden.

Unser tägliches Brot gib uns heute.
Und vergib uns unsere Schuld,
wie auch wir vergeben unseren Schuldigern.
Und führe uns nicht in Versuchung,
sondern erlöse uns von dem Bösen.
Denn dein ist das Reich und die Kraft
und die Herrlichkeit in Ewigkeit.
Amen.

Glaubensbekenntnis

Ich glaube an Gott,
den Vater, den Allmächtigen,
den Schöpfer des Himmels und der Erde.
Und an Jesus Christus,
seinen eingeborenen Sohn, unsern Herrn,
empfangen durch den Heiligen Geist,
geboren von der Jungfrau Maria,
gelitten unter Pontius Pilatus,
gekreuzigt, gestorben und begraben,
hinabgestiegen in das Reich des Todes,
am dritten Tage auferstanden von den Toten,
aufgefahren in den Himmel;
er sitzt zur Rechten Gottes,
des allmächtigen Vaters;
von dort wird er kommen,
zu richten die Lebenden und die Toten.
Ich glaube an den Heiligen Geist,
die heilige, christliche Kirche,
Gemeinschaft der Heiligen,
Vergebung der Sünden,
Auferstehung der Toten
und das ewige Leben.
Amen.

Beichtgebete

Gott, du Trost unserer Seele,
nach außen hin tun wir oft so stark,
zeigen uns gefasst angesichts großer Sorgen,
lassen uns nichts anmerken von dem, was uns quält.
Aber wenn wir allein sind oder nachts wach liegen,
bricht unsere Fassade zusammen.
Dann überfällt uns die unterdrückte Trauer,
dann erscheint der nächste Tag wie ein Berg,
dann fühlen wir uns den Ansprüchen nicht gewachsen,
die andere an uns stellen
oder unter die wir selbst uns gestellt haben.
Gott, du kennst uns und weißt, was uns umtreibt.
Dir sind die Abgründe unserer Seele nicht verborgen.
Höre uns und erbarme dich über uns.
Stille
Es sollen wohl Berge weichen und Hügel hinfallen,
aber meine Gnade soll nicht von dir weichen,
und der Bund meines Friedens soll nicht hinfallen,
spricht der Herr, dein Erbarmer.
Amen. (Jesaja 54,10) [36]

Herr,
im Licht deiner Wahrheit erkennen wir,
dass wir gesündigt haben in Gedanken, Worten und Werken.
Dich sollen wir über alles lieben, unseren Gott und Heiland;
aber wir haben uns selbst mehr geliebt als dich.
Du hast uns in deinen Dienst gerufen;
aber wir haben die Zeit vertan, die du uns anvertraut hast.
Du hast uns unseren Nächsten gegeben,
ihn zu lieben wie uns selbst;
aber wir erkennen, wie wir versagt haben
in Selbstsucht und Trägheit des Herzens.
Darum kommen wir zu dir und bekennen unsere Schuld.

Sieh und höre, was uns belastet.
Stille
Richte uns, unser Gott, aber verwirf uns nicht.
Wir wissen keine andere Zuflucht
als dein unergründliches Erbarmen.
Amen.[37]

Gebete mit Kindern

In Gebeten können Kinder das formulieren und verarbeiten, was sie im täglichen Umgang mit Kranken erleben. Sie können ihre Hilflosigkeit und Angst in Worte fassen. Sie formulieren, was sie bedrückt, was sie hoffen und wünschen.

Gerade das Beten in den traurigen und belastenden Situationen lehrt Kinder, dass sie auch an den Grenzen des Lebens Gott vertrauen können. Sie erleben Halt und Trost.

Haben Sie keine Scheu vor selbst formulierten Gebeten. Machen Sie Ihrem Kind Mut, Gott zu sagen, was es bewegt.

Herr Jesus,
unsere liebe Oma / unser lieber Opa
ist sehr krank.
Sie / er ist sehr schwach und kann oft
gar nicht mehr mit mir spielen.
Manchmal geht es ihr / ihm so schlecht,
dass sie / er nur noch im Bett liegen muss.
Lieber Herr Jesus,
bitte hilf doch, dass die Schmerzen nicht
so groß sind, sei du bei Oma / Opa
und lass sie spüren, wie lieb du sie hast.
Amen.

Lieber Gott,

mein / e … ist so schwach.

Der Arzt sagt, dass er / sie nicht mehr

lange leben wird.

Ich finde das sehr traurig.

Ich kann das nicht begreifen.

Mama und Papa sagen, dass alles,

was auf dieser Welt lebt,

einmal stirbt.

Dann kommt es zurück zu dir.

Dort soll es wunderschön sein.

Du hast mein / e … lieb,

pass bitte gut auf ihn / sie auf.

Amen.

Lieber Gott,

unser / e … ist gestorben.

Ich bin so traurig,

sehr oft weine ich.

Ich kann das nicht verstehen,

warum Menschen sterben müssen.

Ich möchte daran glauben, lieber Gott,

dass unser / e liebe/r …

nun bei dir sein kann

in deiner anderen Welt,

dort, wo die Engel sind.

Lass ihn / sie dort fröhlich sein

und mache auch uns wieder froh.

Amen.

Bibeltexte am Sterbebett

Psalm 73,23–26.28

»Doch ich gehöre noch immer zu dir, du hältst meine rechte Hand.
Du wirst mich nach deinem Rat leiten und mich schließlich in Ehren
aufnehmen. Wen habe ich im Himmel außer dir? Du bist mir wichtiger als alles andere auf der Erde. Bin ich auch krank und völlig
geschwächt, bleibt Gott der Trost meines Herzens, er gehört mir für
immer und ewig. ... Doch mir geht es gut, weil ich mich nahe an Gott
halte! Ich setze meine Zuversicht auf den allmächtigen Herrn, von
seinen wunderbaren Werken will ich allen erzählen.«

Psalm 91

»Wer im Schutz des Höchsten lebt, der findet Ruhe im Schatten des
Allmächtigen. Der spricht zu dem Herrn: Du bist meine Zuflucht
und meine Burg, mein Gott, dem ich vertraue. Denn er wird dich
vor allen Gefahren bewahren und dich in Todesnot beschützen.
Er wird dich mit seinen Flügeln bedecken, und du findest bei ihm
Zuflucht. Seine Treue schützt dich wie ein großes Schild. Fürchte
dich nicht vor den Angriffen in der Nacht und habe keine Angst
vor den Gefahren des Tages, vor der Pest, die im Dunkeln lauert,
vor der Seuche, die dich am hellen Tag trifft. Wenn neben dir
auch Tausende sterben, wenn um dich herum Zehntausende fallen,
kann dir doch nichts geschehen. Du wirst es mit eigenen Augen
sehen, du wirst sehen, wie Gott die Gottlosen bestraft. Wenn der
Herr deine Zuflucht ist, wenn du beim Höchsten Schutz suchst,
dann wird das Böse dir nichts anhaben können, und kein Unglück
wird dein Haus erreichen. Denn er befiehlt seinen Engeln, dich
zu beschützen, wo immer du gehst. Auf Händen tragen sie dich,
damit du deinen Fuß nicht an einen Stein stößt. Löwen und giftige
Schlangen wirst du zertreten, wilde Löwen und Schlangen wirst
du mit deinen Füßen niedertreten! Der Herr spricht: ›Ich will den
erretten, der mich liebt. Ich will den beschützen, der auf meinen
Namen vertraut. Wenn er zu mir ruft, will ich antworten. Ich will
ihm in der Not beistehen und ihn retten und zu Ehren bringen. Ich
will ihm ein langes Leben schenken und ihn meine Hilfe erfahren
lassen.‹«

Psalm 103

»Mit meiner Seele will ich den Herrn loben und von ganzem Herzen will ich seinen heiligen Namen preisen. Mit meiner Seele will ich den Herrn loben und das Gute nicht vergessen, das er für mich tut. Er vergibt mir alle meine Sünden und heilt alle meine Krankheiten. Er kauft mich vom Tode frei und umgibt mich mit Liebe und Güte. Er macht mein Leben reich und erneuert täglich meine Kraft, dass ich wieder jung wie ein Adler werde. Der Herr schafft Gerechtigkeit und Recht allen, die Unrecht erfahren. Er hat Mose seine Wege wissen lassen und Israel seine Taten gezeigt. Barmherzig und gnädig ist der Herr, geduldig und voll großer Gnade. Er wird uns nicht für immer Vorwürfe machen und nicht ewig zornig sein. Er bestraft uns nicht für unsere Sünden und behandelt uns nicht, wie wir es verdienen. Denn so hoch der Himmel über der Erde ist, so groß ist seine Gnade gegenüber denen, die ihn fürchten. So fern der Osten vom Westen ist, hat er unsere Verfehlungen von uns entfernt. Wie sich ein Vater über seine Kinder zärtlich erbarmt, so erbarmt sich der Herr über alle, die ihn fürchten. Denn er weiß, dass wir vergänglich sind, er denkt daran, dass wir nur Staub sind. Die Tage des Menschen sind wie Gras, wie eine Blume auf dem Feld, so blüht der Mensch. Wenn der Wind weht, ist sie spurlos verschwunden, als sei sie niemals da gewesen. Die Gnade des Herrn aber gilt bis in alle Ewigkeit allen, die ihm gehorsam sind. Seine Gerechtigkeit reicht bis zu den Kindern seiner Kinder, die seinem Bund treu sind und seinen Geboten gehorchen! Der Herr hat den Himmel zu seinem Thron gemacht, von dort herrscht er über alles. Lobt den Herrn, ihr seine Engel, ihr mächtigen Wesen, die ihr seine Befehle ausführt und auf seine Worte hört. Lobt den Herrn, ihr Engelscharen, die ihr ihm dient und seinen Willen tut! Lobt den Herrn, ihr Geschöpfe, an jedem Ort seines Reichs. Mit meiner Seele will ich den Herrn loben!«

Jesaja 43,1

»Doch nun spricht der Herr, der dich, Jakob, geschaffen hat und der dich, Israel, gebildet hat: ›Hab keine Angst, ich habe dich erlöst. Ich habe dich bei deinem Namen gerufen; du gehörst mir.‹«

Jesaja 54,10

»»Auch wenn Berge weichen und Hügel beben, soll meine Gnade nicht von dir gehen; und der Bund meines Friedens soll niemals wanken‹, spricht der Herr, der Erbarmen mit dir hat.«

Jeremia 29,11–14

»»Denn ich weiß genau, welche Pläne ich für euch gefasst habe‹, spricht der Herr. ›Mein Plan ist, euch Heil zu geben und kein Leid. Ich gebe euch Zukunft und Hoffnung. Wenn ihr dann zu mir rufen werdet, will ich euch antworten; wenn ihr zu mir betet, will ich euch erhören. Wenn ihr mich sucht, werdet ihr mich finden; ja, wenn ihr ernsthaft, mit ganzem Herzen nach mir verlangt, werde ich mich von euch finden lassen‹, spricht der Herr. ›Ich will euer Geschick wenden und euch aus allen Völkern und von allen Orten, wohin ich euch vertrieben habe, zusammenbringen‹, spricht der Herr. ›Ich will euch wieder dorthin zurückbringen, von wo ich euch fortgejagt habe.‹«

Johannes 10,11.27–30

»Ich bin der gute Hirte. Der gute Hirte opfert sein Leben für die Schafe. ... Meine Schafe hören auf meine Stimme; ich kenne sie, und sie folgen mir. Ich schenke ihnen das ewige Leben, und sie werden niemals umkommen. Niemand wird sie mir entreißen, denn mein Vater hat sie mir gegeben, und er ist mächtiger als alles andere. Und niemand kann sie aus der Hand des Vaters reißen. Der Vater und ich sind eins.«

Römer 8,38–39

»Ich bin überzeugt: Nichts kann uns von seiner Liebe trennen. Weder Tod noch Leben, weder Engel noch Mächte, weder unsere Ängste in der Gegenwart noch unsere Sorgen um die Zukunft, ja nicht einmal die Mächte der Hölle können uns von der Liebe Gottes trennen. Und wären wir hoch über dem Himmel oder befänden uns in den tiefsten Tiefen des Ozeans, nichts und niemand in der ganzen Schöpfung kann uns von der Liebe Gottes trennen, die in Christus Jesus, unserem Herrn, erschienen ist.«

1. Korinther 13,12–14

»Jetzt sehen wir die Dinge noch unvollkommen, wie in einem trüben Spiegel, dann aber werden wir alles in völliger Klarheit erkennen. Alles, was ich jetzt weiß, ist unvollständig; dann aber werde ich alles erkennen, so wie Gott mich jetzt schon kennt. Glaube, Hoffnung und Liebe, diese drei bleiben. Aber am größten ist die Liebe.«

1. Petrus 5,7

»Überlasst all eure Sorgen Gott, denn er sorgt sich um alles, was euch betrifft!«

Offenbarung 21,1–7

»Dann sah ich einen neuen Himmel und eine neue Erde, denn der alte Himmel und die alte Erde waren verschwunden. Und auch das Meer war nicht mehr da. Und ich sah die heilige Stadt, das neue Jerusalem, von Gott aus dem Himmel herabkommen wie eine schöne Braut, die sich für ihren Bräutigam geschmückt hat. Ich hörte eine laute Stimme vom Thron her rufen: ›Siehe, die Wohnung Gottes ist nun bei den Menschen! Er wird bei ihnen wohnen und sie werden sein Volk sein und Gott selbst wird bei ihnen sein. Er wird alle ihre Tränen abwischen, und es wird keinen Tod und keine Trauer und kein Weinen und keinen Schmerz mehr geben. Denn die erste Welt mit ihrem ganzen Unheil ist für immer vergangen.‹ Und der, der auf dem Thron saß, sagte: ›Ja, ich mache alles neu!‹ Und dann sagte er zu mir: ›Schreib es auf, denn was ich dir sage, ist zuverlässig und wahr!‹ Und er sagte auch: ›Es ist vollendet! Ich bin das Alpha und das Omega – der Anfang und das Ende. Jedem, der durstig ist, werde ich aus der Quelle, die das Wasser des Lebens enthält, umsonst zu trinken geben! Wer siegreich ist, wird dies alles empfangen; ich werde sein Gott sein, und er wird mein Sohn sein.‹«

Lieder am Sterbebett

Befiehl du deine Wege

Befiehl du deine Wege
und was dein Herze kränkt,
der allertreusten Pflege
des, der den Himmel lenkt!
Der Wolken, Luft und Winden,
gibt Wege, Lauf und Bahn,
der wird auch Wege finden,
da dein Fuß gehen kann.

Dem Herren musst du trauen,
wenn dir's soll wohlergehn;
Auf sein Werk musst du schauen,
wenn dein Werk soll bestehn.
Mit Sorgen und mit Grämen
und mit selbsteigner Pein
lässt Gott sich gar nichts nehmen,
es muss erbeten sein.

Dein ewge Treu und Gnade,
o Vater, weiß und sieht,
was gut sei oder schade
dem sterblichen Geblüt;
und was du dann erlesen,
das treibst du, starker Held,
und bringst zum Stand und Wesen,
Was deinem Rat gefällt.

Weg hast du allerwegen,
an Mitteln fehlt dir's nicht;
dein Tun ist lauter Segen,
dein Gang ist lauter Licht,
dein Werk kann niemand hindern,
dein Arbeit darf nicht ruhn,
wenn du, was deinen Kindern
ersprießlich ist, willst tun.

Und ob gleich alle Teufel
hier wollten widerstehn,
so wird doch ohne Zweifel
Gott nicht zurücke gehn;
was er sich vorgenommen,
und was er haben will,
das muss doch endlich kommen
zu seinem Zweck und Ziel.

Hoff, o du arme Seele,
hoff und sei unverzagt!
Gott wird dich aus der Höhle,
da dich der Kummer plagt,
mit großen Gnaden rücken;
erwarte nur die Zeit,
so wirst du schon erblicken
die Sonn' der schönsten Freud.

Auf, auf, gib deinem Schmerze
und Sorgen gute Nacht,
lass fahren, was dein Herze
betrübt und traurig macht;
bist du doch nicht Regente,
der alles führen soll,
Gott sitzt im Regimente
und führet alles wohl.

Ihn, ihn lass tun und walten,
er ist ein weiser Fürst
und wird sich so verhalten,
dass du dich wundern wirst,
wenn er, wie ihm gebühret,
mit wunderbarem Rat
das Werk hinausgeführet,
das dich bekümmert hat.

Er wird zwar eine Weile
mit seinem Trost verziehn
und tun an seinem Teile,
als hätt in seinem Sinn

er deiner sich begeben,
und sollt'st du für und für
in Angst und Nöten schweben,
frag er doch nichts nach dir.

Wird's aber sich befinden,
dass du ihm treu verbleibst,
so wird er dich entbinden,
da du's am mindsten glaubst;
er wird dein Herze lösen
von der so schweren Last,
die du zu keinem Bösen
bisher getragen hast.

Wohl dir, du Kind der Treue,
du hast und trägst davon
mit Ruhm und Dankgeschreie
den Sieg und Ehrenkron;
Gott gibt dir selbst die Palmen
in deine rechte Hand,
und du singst Freudenpsalmen
dem, der dein Leid gewandt.

Mach End, o Herr, mach Ende
mit aller unsrer Not;
stärk unsre Füß und Hände
und lass bis in den Tod
uns allzeit deiner Pflege
und Treu empfohlen sein,
so gehen unsre Wege
gewiss zum Himmel ein.

Paul Gerhard[38]

Bei dir, Jesu, will ich bleiben

Bei dir, Jesu, will ich bleiben,
stets in deinem Dienste stehn;
nichts soll mich von dir vertreiben,
will auf deinen Wegen gehn.

Du bist meines Lebens Leben,
meiner Seele Trieb und Kraft,
wie der Weinstock seinen Reben
zuströmt Kraft und Lebenssaft.

Könnt ich's irgend besser haben
als bei dir, der allezeit
soviel tausend Gnadengaben
für mich Armen hat bereit?
Könnt ich je getroster werden
als bei dir, Herr Jesu Christ,
dem im Himmel und auf Erden
alle Macht gegeben ist?

Wo ist solch ein Herr zu finden,
der, was Jesus tat, mir tut:
mich erkauft von Tod und Sünden
mit dem eignen teuren Blut?
Sollt ich dem nicht angehören,
der sein Leben für mich gab,
sollt ich ihm nicht Treue schwören,
Treue bis in Tod und Grab?

Ja, Herr Jesu, bei dir bleib ich
so in Freude wie in Leid;
bei dir bleib ich, dir verschreib ich
mich für Zeit und Ewigkeit.
Deines Winks bin ich gewärtig,
auch des Rufs aus dieser Welt;
denn der ist zum Sterben fertig,
der sich lebend zu dir hält.

Bleib mir nah auf dieser Erden,
bleib auch, wenn mein Tag sich neigt,
wenn es nun will Abend werden
und die Nacht herniedersteigt.
Lege segnend dann die Hände
mir aufs müde, schwache Haupt;
sprich: »Mein Kind, hier geht's zu Ende;
aber dort lebt, wer hier glaubt.«

Bleib mir dann zur Seite stehen,
graut mir vor dem kalten Tod
als dem kühlen, scharfen Wehen
vor dem Himmelsmorgenrot.
Wird mein Auge dunkler, trüber,
dann erleuchte meinen Geist,
dass ich fröhlich zieh hinüber,
wie man nach der Heimat reist.

Philipp Spitta[39]

Ach bleib mit deiner Gnade

Ach bleib mit deiner Gnade
bei uns, Herr Jesu Christ,
dass uns hinfort nicht schade
des bösen Feindes List.

Ach bleib mit deinem Worte
bei uns, Erlöser wert,
dass uns sei hier und dorte
dein Güt und Heil beschert.

Ach bleib mit deinem Glanze
bei uns, du wertes Licht;
dein Wahrheit uns umschanze,
damit wir irren nicht.

Ach bleib mit deinem Segen
bei uns, du reicher Herr;
dein Gnad und alls Vermögen
in uns reichlich vermehr.

Ach bleib mit deinem Schutze / bei uns, du starker Held,
dass uns der Feind nicht trutze / noch fäll die böse Welt.

Ach bleib mit deiner Treue / bei uns, mein Herr und Gott;
Beständigkeit verleihe, / hilf uns aus aller Not.

Josua Stegmann[40]

Christ ist erstanden

Christ ist erstanden von der Marter alle;
des solln wir alle froh sein,
Christ will unser Trost sein.
Kyrieleis.
Wär er nicht erstanden,
so wär die Welt vergangen;
seit dass er erstanden ist,
so lobn wir den Vater Jesu Christ.
Kyrieleis.
Halleluja, Halleluja, Halleluja!
Des solln wir alle froh sein,
Christ will unser Trost sein.

Kyrieleis.[41]

Es kennt der Herr die Seinen

Es kennt der Herr die Seinen
und hat sie stets gekannt,
die Großen und die Kleinen
in jedem Volk und Land;
er lässt sie nicht verderben,
er führt sie aus und ein,
im Leben und im Sterben
sind sie und bleiben sein.

Er kennet seine Scharen
am Glauben, der nicht schaut
und doch dem Unsichtbaren,
als säh er ihn, vertraut;
der aus dem Wort gezeuget
und durch das Wort sich nährt
und vor dem Wort sich beuget
und mit dem Wort sich wehrt.

Er kennt sie als die Seinen
an ihrer Hoffnung Mut,
die fröhlich auf dem einen,

dass er der Herr ist, ruht,
in seiner Wahrheit Glanze
sich sonnet frei und kühn,
die wunderbare Pflanze,
die immerdar ist grün.

Er kennt sie an der Liebe,
die seiner Liebe Frucht
und die mit lauterm Triebe
ihm zu gefallen sucht;
die andern so begegnet,
wie er das Herz bewegt,
die segnet, wie er segnet,
und trägt, wie er sie trägt.

So kennt der Herr die Seinen,
wie er sie stets gekannt,
die Großen und die Kleinen
in jedem Volk und Land
am Werk der Gnadentriebe
durch seines Geistes Stärk,
an Glauben, Hoffnung, Liebe
als seiner Gnade Werk.

So hilf uns, Herr, zum Glauben
und halt uns fest dabei;
lass nichts die Hoffnung rauben;
die Liebe herzlich sei!
Und wird der Tag erscheinen,
da dich die Welt wird sehn,
so lass uns als die Deinen
zu deiner Rechten stehn.

Philipp Spitta[42]

Jesu, geh voran

Jesu, geh voran
auf der Lebensbahn!
Und wir wollen nicht verweilen,
dir getreulich nachzueilen;
führ uns an der Hand
bis ins Vaterland.

Solls uns hart ergehn,
lass uns feste stehn
und auch in den schwersten Tagen
niemals über Lasten klagen;
denn durch Trübsal hier
geht der Weg zu dir.
Rühret eigner Schmerz
irgend unser Herz,
kümmert uns ein fremdes Leiden,
o so gib Geduld zu beiden;
richte unsern Sinn
auf das Ende hin.

Ordne unsern Gang,
Jesu, lebenslang.
Führst du uns durch raue Wege,
gib uns auch die nöt'ge Pflege;
tu uns nach dem Lauf
deine Türe auf.

Nikolaus Ludwig von Zinzendorf[43]

So nimm denn meine Hände

So nimm denn meine Hände
und führe mich
bis an mein selig Ende
und ewiglich.
Ich mag allein nicht gehen,
nicht einen Schritt:
wo du wirst gehn und stehen, / da nimm mich mit.

In dein Erbarmen hülle
mein schwaches Herz
und mach es gänzlich stille
in Freud und Schmerz.
Lass ruhn zu deinen Füßen
dein armes Kind:
es will die Augen schließen
und glauben blind.

Wenn ich auch gleich nichts fühle
von deiner Macht,
du führst mich doch zum Ziele
auch durch die Nacht:
so nimm denn meine Hände
und führe mich
bis an mein selig Ende
und ewiglich!

Julie Hausmann[44]

Zu Beginn einer Sitzwache

Allmächtiger Gott,
nun beginne ich wieder meine Zeit des Wachens am Sterbebett.
Meine Gedanken und Gefühle
lösen sich erst allmählich von meinem Alltag.
So vieles strömte auf mich ein,
ich kann noch gar nicht richtig abschalten.
Manches beschäftigt mich noch.
Mein Gott, lass mich innerlich zur Ruhe kommen.

STILLE

Ich möchte jetzt ganz hier sein
mit meinen Gedanken und meinen Gefühlen
möchte ich mich einstellen auf...
Lass mich spüren, wie ich ihr / ihm jetzt hilfreich
zur Seite stehen kann.
Lass mich schweigen, damit ich gut zuhören kann.
Lass mich geduldig sein, um zu verstehen,
was sie / er mir sagen möchte.
Lass mich die Worte finden, die aufrichten.

Mein Gott,
vielleicht komme ich an meine Grenzen.
Mache mich dazu bereit, das zu akzeptieren.
Gib mir den Mut, darauf zu vertrauen, dass du mit deinem
Heiligen Geist uns zur Seite stehst
auf dem Weg, den wir nun miteinander gehen werden.

Nach den Worten von Aurelius Augustinus kann das Gebet abgeschlossen werden:

Sei du, Herr, mit denen, die wachen oder weinen
in dieser Nacht / an diesem Tag.
Behüte deine Kranken,
lass deine Müden ruhn,
segne deine Sterbenden,
tröste deine Leidenden,
erbarme dich deiner Betrübten
und sei mit deinen Fröhlichen.
Amen.

Zum Ende einer Sitzwache

Meine gemeinsame Zeit mit … ist nun bald vorüber.
Meine Aufgabe ist für heute erfüllt
und ich werde mich wieder meinem Alltag zuwenden.
Die Berührung mit dem Leiden und Sterben
ist nicht immer leicht.
Es ist oft schwer für mich, zu sehen, wie … leidet.
Fragen tun sich in mir auf,
die mich beschäftigen.
Ich möchte sie jetzt aussprechen,
damit sie nicht stumm in mir bleiben.
Stille
Ich lasse nun innerlich all das los,
was mich
in den letzten Stunden beschäftigt hat.
Ich lasse das los, wo ich mich schwach und hilflos fühlte,
ich lasse auch das zurück, wo ich meine Anwesenheit als hilfreich und gut empfunden habe.

Es kann ein Segensgebet gesprochen werden:

Guter Gott,
bleibe du hier bei … mit deinem Segen.
Behüte sie / ihn in der kommenden Zeit und
schenke ihr / ihm Trost und Frieden.
Sei du auch mit mir,
wenn ich nun in meinen Alltag zurückkehre
und segne alle, die in diesem Haus ein und
aus gehen.

Kinder und der Abschied

Es gibt hier, wie bei vielen anderen wichtigen Lebensfragen, keine Faustregel, die auf jede Situation passt. Als hilfreich haben sich aber einige Grundgedanken in vielen Familien bewährt.

Ehrlichkeit schafft Vertrauen

Kinder merken sehr schnell, wenn sich etwas Ungewohntes oder Bedrohliches in ihrem Umfeld ereignet. Sie spüren, wenn Erwachsene sich Sorgen machen und wenn man beginnt, etwas vor ihnen zu verheimlichen.

Das verunsichert Kinder.

Die einen reagieren zunächst sehr offen, sie fragen »Mama, warum siehst du so traurig aus?« Oder: »Muss Opa noch sehr lange im Krankenhaus bleiben?«

Es ist gut, wenn Eltern sich dann Zeit nehmen und dem Kind genau zuhören. Was fragt mein Kind? Was möchte es eigentlich wissen? Äußert es Angst und möchte getröstet werden? Oder fragt es nach Informationen, die ich ihm geben soll?

Wichtig ist, dass das Kind spürt, dass es in seinen Äußerungen ernst genommen wird. »Ach du Dummerchen, was machst du dir da für Sorgen«, wäre eine Antwort, die dem Kind zwar signalisiert, dass die Situation nicht so ernst sei, wie es sie angenommen hat. Aber diese Antwort lässt das Kind in der Unsicherheit zurück, wie es mit der veränderten Situation angemessen umgehen und die empfundene Bedrohung richtig einschätzen kann.

Hilfreich ist es, dem Kind alles, was es fragt, in einer seinem Alter und seinem Vorstellungsvermögen entsprechenden Weise zu beantworten.

Ehrlichkeit ist hier sehr wichtig.

»Darf ich denn sagen, dass der Opa bald sterben muss?« Es ist natürlich, dass Eltern sich diese Frage stellen. Aber was wäre die Alternative? Was würde es für das Kind bedeuten, wenn man es anlügen würde?

Kinder brauchen verlässliche Beziehungen. Gerade dann, wenn sie von einem geliebten und für sie selbst wichtigen Menschen Abschied nehmen müssen, hilft es ihnen zu spüren: Um mich herum sind Menschen, die mir Geborgenheit geben, die da sind, wenn ich sie brauche, die ehrlich mit mir sind.

Kinder verarbeiten die Wahrheit in kleinen Portionen

Kinder haben ein kleineres Auffassungsvermögen als Erwachsene. Es wäre ihnen eine Überforderung, mit der ganzen Krankheitsgeschichte, ihrem Verlauf und den notwendigen Therapien konfrontiert zu werden.

Versuchen Sie daher am besten, immer wieder mal ins Gespräch zu kommen, um ihnen die Wahrheit in kleineren Portionen zu sagen.

Manche Kinder stellen von sich aus immer wieder Fragen und wollen über alles sehr genau Bescheid wissen. Sie werden dann aufhören nachzufragen, wenn sie sich überfordert fühlen. Deshalb wird es zwischendurch immer wieder Phasen geben, in denen sie das häusliche Geschehen völlig ausblenden und mit ungebremster Lebensenergie herumtoben. Erwachsene irritiert das oft. Vor einer halben Stunde hatte man noch beieinander gesessen und über den bevorstehenden Tod der Oma geweint – und nun spielt das Kind in ausgelassener Fröhlichkeit im Haus.

Dieses Verhalten ist gut und gesund für die Seele des Kindes. Es braucht immer wieder diesen Rückzug in die Normalität.

Es gibt auch Kinder, die sich ganz anders verhalten. Sie ziehen sich zurück und verweigern jegliches Gespräch über den kranken Angehörigen. Sie wollen das Krankenzimmer gar nicht betreten. Wenn man sie darauf anspricht, ob sie nicht mal wieder bei der kranken Oma hereinschauen wollen, dann ignorieren sie diese Frage oder lehnen das Angebot schlichtweg ab.

Auch wenn diese Kinder nach außen hin desinteressiert oder sogar gefühlskalt wirken, beschäftigen auch sie sich mit der Krankheit und dem möglichen Tod des Angehörigen. Diese Kinder sind oft hochsensibel und haben eine Scheu, sich mit der veränderten Situation auseinanderzusetzen.

Es gibt Kinder, die blenden alles, was ihnen bedrohlich erscheint, aus. Geschieht dies nur zeitweise, ist das ein durchaus positiver Schutzmechanismus. Sollte dies aber anhalten, hemmt es das Kind, sich mit der Realität auseinanderzusetzen.

Wenig hilfreich ist es, das Kind ohne seine Zustimmung mit der Krankheit des Angehörigen zu konfrontieren. Zwingen Sie es niemals, mit ans Krankenbett zu gehen. Setzen Sie es auch nicht unter moralischen Druck mit der Aussage: »Du merkst doch, dass dein Opa bald sterben wird. Jetzt geh wenigstens noch mal zu ihm ins Zimmer.« Es könnte sein, dass das Kind sich dann noch mehr zurückzieht.

Manche Eltern machen gute Erfahrungen, wenn sie sich bewusst Zeit für das Kind nehmen, mit ihm spielen und sich mit ihm unterhalten. Dabei können sie das Gespräch immer wieder auf den kranken Angehörigen lenken. Sie können Fotoalben anschauen, über gemeinsame schöne Erlebnisse sprechen. Sie können ein Bild malen, das man anschließend ins Krankenzimmer bringt. Hier braucht man mitunter etwas Fantasie und vor allem Geduld und Zeit füreinander. Oftmals aber gelingt es auf diese Weise, dem Kind Hilfestellung zu geben, dass es sich auf die neue Situation einlässt.

Wenn die Bemühungen der Eltern keine Veränderung bringen, sollten sie sich nicht scheuen, einen erfahrenen Kinder- oder Jugendarzt um Rat zu fragen. Dies gilt vor allem auch dann, wenn Kinder über längere Zeit Verhaltensstörungen aufweisen, die Schule schwänzen oder ungewöhnlich aggressiv sind.

Begleitung römisch-katholischer Christen

Obwohl katholische und evangelische Christen eine gemeinsame Auferstehungshoffnung und einen gemeinsamen Glauben an Christus als den Sohn Gottes und Erlöser haben, gibt es Unterschiede in der Frömmigkeitspraxis, die sich gerade auch in der Begleitung schwer kranker und sterbender Menschen zeigen.

Angehörige und Begleiter erweisen den Sterbenden einen großen Dienst, wenn sie darauf Rücksicht nehmen und auch die Bereitschaft mitbringen, einen Priester zu holen, Rituale zu ermöglichen oder auch Gebete zu sprechen, die nicht ihrer eigenen Tradition entsprechen.

Besonders wichtig ist in der römisch-katholischen Kirche die Krankensalbung. Als eines der sieben Sakramente darf sie nur durch den Priester vollzogen werden.

Dieses Sakrament ist aber keinesfalls nur für Sterbende vorgesehen, es wird auf Wunsch allen Kranken gespendet, um sie in ihrem Leid zu stärken und ihnen den Segen Christi in besonderer Weise zuzusprechen.

Auch die Heilige Kommunion wird von vielen Sterbenden als Trost und innere Vorbereitung auf den Tod gewünscht. Den Sterbenden wird sie als letzte Wegzehrung gereicht. Sie darf von jedem Kommunionhelfer oder Wortgottesdienstleiter als Krankenkommunion ins Haus gebracht werden.

Die tägliche geistliche Begleitung Kranker und Sterbender ist in der evangelischen und der römisch- katholischen Kirche sehr ähnlich.

Man singt am Sterbebett (siehe »Lieder am Sterbebett«, Seite 173), liest Texte aus der Bibel (siehe »Bibeltexte am Sterbebett«, S. 169), meditiert die Leidensgeschichte von Jesus oder betet miteinander (siehe »Gebete für alle Zeiten«, Seite 164).

Gebete

In meiner Todesstunde rufe mich,
zu dir kommen heiße mich.
Vater, in deine Hände lege ich voll Vertrauen meinen Geist.
Herr Jesus, nimm mich zu dir.
Herr, gedenke meiner in deinem Reich.
Amen.

Herr Jesus Christus,
du willst mich jetzt ganz zu dir nehmen.
Im Tod werde ich mein Leben nicht verlieren, nein,
du wirst es mir neu und für immer schenken.
Du hast die Macht, mir mein Leben neu zu geben.
Du hast ja selbst den Tod überwunden
und bist auferstanden.
In diesem neuen Leben werde ich keine Trauer,
keinen Schmerz und keine Krankheit mehr kennen.
Jesus Christus, auf dich hoffe ich.
Amen.

Es gibt jedoch auch einige wichtige Gebete, die nur in der katholischen Tradition vorkommen und für den gläubigen Katholiken ein fester Bestandteil seiner Frömmigkeitspraxis sein können.

Meditativer Spaziergang für Angehörige

Diese Texte eignen sich auch zu einer Gedankenreise.

Ein meditativer Spaziergang ist ein Spaziergang, der mit Gedanken und Texten dazu einlädt, innerlich zur Ruhe zu kommen, über Stationen des eigenen Lebens nachzudenken.

Die einzelnen Texte und Gebete können dann, wenn man zwischendurch innehalten möchte, gebetet oder gelesen werden.

Zu Beginn des Weges kann man sich einen Stein aussuchen, den man mitnimmt.

Bevor ich aufbreche

Ich mache mich auf
Ich will mir Zeit nehmen.
Ganz bewusst möchte ich eine Wegstrecke gehen.
Nicht hetzen.
Nicht an alles Mögliche denken.
Ich möchte zur Ruhe kommen.
Ich möchte bei mir selbst ankommen.

Gebet zum Aufbruch

GOTT MEINER WEGE,

du kennst die Wege, die hinter mir liegen,
du kennst die Wege,
auf denen ich mich jetzt mühe,
du kennst die Wege, die noch vor mir sind.
Du weißt um alle Erfahrungen,
die ich bisher gemacht habe,
die vielen schönen,
aber auch die dunklen und traurigen Stunden,
in denen ich an meine Grenzen kam.

GOTT MEINER WEGE,

ich glaube daran, dass du die Wege
meines Lebens mitgehst, dass ich dir begegnen kann,
ich glaube daran, dass du bei mir bist,
dass du mich begleitest und mich versorgst.

GOTT MEINER WEGE,

du kennst auch alle Irrwege, die ich bisher gegangen bin.
Die Situationen, in denen ich mich verrannt habe –
wo ich mir selbst Stolpersteine in den Weg gelegt habe.
Gib mir die Chance, dies zu erkennen –
und den Mut, es wieder in Ordnung zu bringen.

GOTT MEINER WEGE,

ich bitte dich um Beistand auf meinen Lebenswegen.
Ich bitte dich um Vergebung für das, was misslungen ist.
Ich bitte dich: Öffne mir die Augen, dass ich wahrnehmen kann,
welche Chancen und Möglichkeiten
an meinem Weg liegen.
Ich bitte dich um Kraft,
meinem Weg eine neue Richtung zu geben,
wenn ich mich verlaufen habe.

GOTT MEINER WEGE,

ich danke dir, dass ich nicht alleine gehen muss.
Es sind andere Menschen um mich herum,
die mir Begleiter, Ratgeber, Stütze und Halt sein können.
Lass mich ihre Hilfe erkennen
und sie auch dankbar annehmen.

GOTT MEINER WEGE,

ich danke dir, dass du mich siehst.
Von deiner Liebe zehre ich,
gerade in den Zeiten, in denen ich meinen
Weg nicht genau vor mir sehe.
Zeige mir, Gott, meinen Weg.

Unterwegs

Ich spüre meinen Weg

Der Boden –

mal ist er steinig, dann wieder eben.
Hin und wieder spüre ich den spitzen, harten Untergrund,
ein anderes Mal fühle ich den weichen Boden unter meinen
Füßen.

Mein Atem –

was bestimmt mein Schritttempo?
Spüre ich meine Grenzen, wenn ich außer Atem bin?
Ich möchte mein eigenes Tempo finden.

Mein Geist –

in der Natur weiten sich die Gedanken.
Der Alltag ist zurückgeblieben –
ich möchte meine Sinne wecken,
an gar nichts zu denken –
einfach nur in mich aufnehmen,
was ich jetzt erlebe.

Pause

Ich kehre bei mir selbst ein.
Vielleicht gibt es eine Bank zum Ausruhen
oder ich bleibe einfach stehen –
vielleicht an einem schönen Platz.

Der Segen

Gott, der bei dir ist
und alle deine Wege mit dir geht, segne dich.
Er offenbare sich dir als ein mitgehender Gott.
Er segne deinen Aufbruch,
er begleite deine Schritte,
er sei mit dir in deinen Gedanken.
Er schenke dir ein aufmerksames Herz,
dass du in den Begrenzungen deines Lebens
die Weite und Fülle sehen kannst,
in die Gott dich führen will.
Er segne dich mit wachem Verstand und einem
vergebungsbereiten, liebenden Herz.
Er segne dich darin,
steinige Strecken deines Lebensweges auszuhalten,
er lasse dich in Gelassenheit und Mut
Lösungen für schwierige Wege finden.
Gott segne deinen Aufbruch.

Mein Stein

Ich nehme meinen Stein in die Hand –

Zum dankbaren Rückblick für Gottes Hilfe.

Ich nehme diesen Stein –
er ist für mich ein Zeichen dafür,
dass ich auf meinen Lebenswegen
immer wieder festen Halt gefunden habe.
In Gedanken kann ich mich daran erinnern,
wie oft und auf wie vielfältige Weise ich
das bisher gespürt habe.
In der Bibel gibt es viele Worte für die Treue,

die Hilfe und Zuverlässigkeit Gottes.
Ich kann den Rückweg nutzen,
um mir diese biblischen Geschichten und Worte
wieder einmal ins Gedächtnis zu rufen.

Zum Nachdenken über ein Problem, das mich belastet.

Ich nehme diesen Stein –
er soll ein Symbol sein für das, was mich momentan belastet.
Ein Stolperstein, der mir zu schaffen macht.
Eine »Steingeschichte« aus meinem Leben,
die ich jetzt durchdenken will,
die ich »durchgehen« will.

Mein Rückweg
»Der Herr hat seinen Engeln befohlen,
dass sie dich behüten auf allen deinen Wegen.«

Bevor ich zu Hause bin überlege ich:

    ↲ Habe ich meine Gedanken abgeschlossen?
    ↲ Möchte ich noch einmal darüber nachdenken?

Wieder zu Hause
Ich lege den Stein neben die Tür –

»Gott ist mit mir am Abend und am Morgen
und ganz gewiss an jedem neuen Tag!«

Ich beschließe meinen Spaziergang ganz bewusst mit diesem
Zuspruch und kehre wieder zurück in meinen Alltag.
   (Manche Menschen haben einen besonderen Platz für ihre
Steine gefunden, z.B. einen kleinen Steinkorb neben ihrer

Wohnungstüre. Sie legen den Stein dorthin und nehmen ihn wieder beim nächsten Spaziergang mit.)

Anhang

Themen der einzelnen Abschnitte

Kapitel 1: Dem Abschied zustimmen –
Die Salbung in Betanien

- ☙ Erinnerungen pflegen.
- ☙ Miteinander das Gespräch suchen.
- ☙ Besuche machen, Kontakt zu alten Freunden.
- ☙ Krankensalbung.
- ☙ Wertvolles Leben – gerade im Leid.

Kapitel 2: Der Aufbruch

- ☙ Ein bewusstes Ja finden.
- ☙ Ehrlich miteinander sein.
- ☙ Nicht mehr verschweigen, was los ist.
- ☙ Christliche Auferstehungshoffnung.
- ☙ Die innere Rebellion überwinden.
- ☙ Die letzte Zeit muss nicht nur traurig sein, man kann auch Schönes miteinander erleben.
- ☙ Den Aufbruch gestalten.

Kapitel 3: Im Leid Trost erfahren –
Der Garten Gethsemane

- ☙ Die Angst.
- ☙ Seelsorge – das vertrauensvolle Gespräch über die letzten Dinge und das zurückliegende Leben.
- ☙ Bedeutung von Beichte und Abendmahl.
- ☙ Die Grenzen der Belastbarkeit bei den Angehörigen.
- ☙ Segen für Trauernde.
- ☙ Ermutigung, fremde Hilfen in Anspruch zu nehmen (Nachbarschaftshilfe, Hospiz).

Kapitel 4: Aber die Liebe bleibt –
Die Gefangennahme

- Die eigene Ohnmacht ertragen müssen; ich habe nun nichts mehr selbstbestimmt in der Hand.
- Sich in das Unabänderliche fügen.
- Versöhnung mit sich selbst und anderen.
- Meditativer Spaziergang für Angehörige.

Kapitel 5: Schwäche und Angst

- Man bleibt als Angehöriger hinter den Erwartungen, die man an sich hatte, zurück.
- Das Ausweichen mag ein Anzeichen sein, dass man sich ganz persönlich mit dem Tod auseinandersetzen muss.

Kapitel 6: Die Ohnmacht des letzten Weges

- Man kann nicht mehr selbst bestimmen.
- Patientenverfügungen.
- Offenes Gespräch über Wünsche und Verfügungen.

Kapitel 7: In der Schwäche gehalten sein –
Jesus bricht unter dem Kreuz zusammen

- Einander zu Lastenträgern werden.
- Der ungeschickte Augenblick; nichts wiederholbar; freie Tage nehmen.
- Du darfst gehen – die Last nehmen.

Kapitel 8: Abschiedsworte – Jesu Abschiedsworte

- Wer sorgt für mich?
- Die Grenzen der Fürsorge sehen.

- Geschichte: die Kinder abends im Bett; Segen Gottes.
- Die Rahmenbedingungen für Hinterbliebende besprechen (oft ist es auch hilfreich, wenn Außenstehende noch vor dem Tod Klarheiten schaffen...).

Kapitel 9: Der letzte Augenblick –
Jesus stirbt

- Jesus erleidet auch die schrecklichsten Tiefen des Todes.
- Jesus öffnet den Weg zu Gott.
- Erlebnisse zweier Menschen.
- Der Schächer am Kreuz.

Kapitel 10: Den Abschied gestalten –
Jesus wird ins Grab gelegt

- Zeit für die Trauer am Sterbebett.
- Unterschiedliche Formen der Abschiedsgestaltung.
- Pflege des Leichnams.
- Aufbahrung.
- Abschiedsfeier daheim oder am Krankenbett.

Kapitel 11: Trauer –
lass mich los und halt mich nicht fest

- Die Beziehung wird gewandelt.
- Gedanken zur Zeit der Trauer; Praktisches.
- Mein Leben hat eine Aufgabe.

Kapitel 12: Der behutsame Weg in ein neues Leben –
Zwei Jünger auf dem Weg nach Emmaus

- Gedanken des Trostes auf dem Weg der Trauer.

Notizen und wichtige Telefonnummern

Platz für Notizen:
Was möchte ich bedenken und vorbereiten?

To-do-Liste

Mir wichtige Telefonnummern und Adressen:

- ❧ Arzt:
- ❧ Pflegedienst:
- ❧ Nachtdienst:
- ❧ Hospizgruppe:
- ❧ Menschen, die mir ihre Hilfe angeboten haben:
- ❧ ...

Verzeichnis der praktischen Tipps

Liedverzeichnis

Gebetsverzeichnis

Textverzeichnis

Stichwortverzeichnis

Endnoten

1 Dietrich Bonhoeffer. Verantwortung und Hingabe. Texte und Gebete von Dietrich Bonhoeffer. Wuppertal: Kiefel Verlag 1993, S. 36.

2 Dietrich Bonhoeffer. Von guten Mächten treu und still umgeben. Gütersloh: Gütersloher Verlagshaus. EG 65,7.

3 Dietrich Bonhoeffer. Widerstand und Ergebung. Briefe und Aufzeichnungen aus der Haft. © by Gütersloher Verlagshaus, Gütersloh, in der Verlagsgruppe Random House GmbH, München.

4 Dietrich Bonhoeffer. Von guten Mächten treu und still umgeben. Gütersloh: Gütersloher Verlagshaus. EG 65.

5 Philippe Ariés. Geschichte des Todes. München, Wien: Carl Hanser Verlag 1980.

6 Bezugsquelle: GSPG – Gemeinschaft von Mitarbeitenden in der sozialpflegerischen Gemeindediakonie e. V. (GSPG), Geschäftsstelle: Dorfstraße 9, 24816 Hamweddel, Tel.: (04875) 840; info@gspg.de, www.fingerkreuz.de.

7 Justus Delbrück. Im Angesicht des Todes. EG 828.

8 Dietrich Bonhoeffer. Verantwortung und Hingabe. Texte und Gebete von Dietrich Bonhoeffer. Wuppertal: Kiefel Verlag 1993, S. 43.

9 J. Berga, N. Brumberger, J. Schöfberger. Glaubens- und Lebensfragen. Ethik für die Altenpflegeausbildung. Troisdorf: Bildungsverlag EINS 2002, S. 63.

10 Nach aktueller Gesetzgebung hat jeder Arbeitnehmer Anspruch auf sechs Monate unbezahlten Urlaub, um einen Angehörigen (oder nahestehenden Menschen) am Lebensende zu pflegen.

11 Helmut Gollwitzer. Du hast mich heimgesucht bei Nacht. © by Gütersloher Verlagshaus, Gütersloh, in der Verlagsgruppe Random House GmbH, München.

12 Thur Borgers und Marlies Huveneers. Ein Kreuzweg mit Stationen von Leo Dortants. Utrecht: Stichting Docete 1999, Vertrieb in Deutschland: Auslese GmbH.

13 Dieter Trautwein. Weil Gott in tiefster Nacht erschienen. München-Berlin: Strube Verlag.

14 Antoine de Saint-Exupéry. Der kleine Prinz. Düsseldorf: Karl Rauch Verlag 14. Aufl. 2004.

15 Dietrich Bonhoeffer. Ich glaube. München: Claudius Verlag.

16 Filmproduktion Bernd und Heidi Umbreit. Oberstenfeld 2006.

17 Christel Hausding (Hrsg.). Reife Menschen sind gefragt. Holzgerlingen: SCM Hänssler 2007.

18 Dagmar Schoofs. Da ist einer. EG, S. 1183.

19 Nach Teresa de Jesús. Nichts soll dich ängsten. EG 574.

20 Eugen Eckert. Bewahre uns, Gott. München-Berlin: Strube Verlag. EG 171.

21 Herr, wir bitten: Komm und segne uns. Text + Melodie: Peter Strauch, © 1979 SCM Hänssler, 71087 Holzgerlingen.

22 EG 564.

23 EG 163.

24 Dietrich Bonhoeffer. Von guten Mächten. Gütersloh: Gütersloher Verlagshaus. EG 65,7.

25 EG 163.

26 Bezugsquelle: GSPG – Gemeinschaft von Mitarbeitenden in der sozialpflegerischen Gemeindediakonie e.V. (GSPG), Geschäftsstelle: Dorfstraße 9, 24816 Hamweddel, Tel.: (04875) 840; info@gspg.de, www.fingerkreuz.de.

27 EG 440.

28 EG 449.

29 EG 473.

30 EG 482.

31 Theodor Werner. Bleib bei mir, Herr! Lutherischer Weltbund, Genf

32 Dietrich Bonhoeffer. Herr, mein Gott. EG, S. 1219.

33 Martin Luther. Abendsegen. EG, S. 1218.

34 EG, S. 1219.

35 Lutherbibel, revidierter Text 1984, durchgesehene Ausgabe in neuer Rechtschreibung, © 1999 Deutsche Bibelgesellschaft, Stuttgart.

36 Gottesdienstbuch für die Evangelische Landeskirche in Württemberg. S. 346-347.

37 Gottesdienstbuch für die Evangelische Landeskirche in Württemberg, S. 343-344.

38 EG 361.

39 EG 406.

40 EG 347.

41 EG 99.

42 EG 358.

43 EG 391.

44 EG 376.

Meike Sachs

Neue Oasen zwischen
Tür und Angel

Gb., 10,5 x 16,5 cm, 128 S.,
Nr. 394.689,
ISBN 978-3-7751-4689-0

Ankommen, ausruhen, auftanken.
Entdecken Sie Gottes Angebot der Oasen im Alltag mit den Andachten von Maike Sachs: Brot, Licht und Leben wecken die Sehnsucht nach Erfüllung der eigenen Bedürfnisse. Doch auch wenn nicht jede Sehnsucht gestillt wird – Gott bleibt seiner Liebe treu und er bleibt an unserer Seite.

Cornelia Mack

Von Zerbrüchen,
Umbrüchen und Aufbrüchen

Gb., 10,5 x 16,5 cm, 144 S.,
Nr. 394.540,
ISBN 978-3-7751-4540-4

Das Leben ändert sich ständig. Immer wieder stehen wir vor Situationen, in denen Neubeginn oder Abschied gefragt ist. Manchmal willkommen, oft bedrohlich. Doch Abbrüche, Zerbrüche und Umbrüche können auch zu Aufbrüchen werden. Cornelia Mack gibt in diesem Buch – auch aus persönlichen Erfahrungen heraus – Hilfen für wechselvolle Lebenssituationen.
Lebensberatung mit Tiefgang!

Bitte fragen Sie in Ihrer Buchhandlung nach diesen Büchern!
Oder schreiben Sie an: SCM Hänssler, D-71087 Holzgerlingen;
E-Mail: info@scm-haenssler.de

Ute Horn

Meine Krise – Gottes Chance

Pb., 13,5 x 20,5 cm, 100 S.,
Nr. 394.625,
ISBN 978-3-7751-4625-8

Krisen gehören zum Leben dazu!
Was lösen sie in uns aus? Wo finden wir Hilfen, mit den verschiedenen Krisen in unserem Leben angemessen umzugehen? Gibt es Menschen, an deren Vorbild wir lernen können? Gibt es Texte, die uns in Trauer, Enttäuschung und Einsamkeit Wegweiser sind?
Ute Horn möchte Sie in diesem Buch ein Stück auf dem Weg durch die großen und kleinen Krisen Ihres Lebens begleiten und Ihnen Hoffnung vermitteln, dass nach Tälern und Schluchten auch wieder Berggipfel kommen!

Christina Scheffbuch-Schwalfenberg,
Armin Schwalfenberg

Leben gestalten

Pb., 13,5 x 20,5 cm, 208 S.,
Nr. 394.877,
ISBN 978-3-7751-4877-1

War das jetzt schon alles?
In der zweiten Lebenshälfte drängt sich diese Frage auf. Doch auch jetzt steckt das Leben noch voller Möglichkeiten, die es zu entdecken gilt! – Die Autoren begleiten Sie mit persönlichem und seelsorgerlichem Rat sowie juristischen Fakten auf diesem Weg.

Bitte fragen Sie in Ihrer Buchhandlung nach diesen Büchern!
Oder schreiben Sie an: SCM Hänssler, D-71087 Holzgerlingen;
E-Mail: info@scm-haenssler.de